KB262963

新
베이징 중국어
Beijing
40

원저 **북경어언대학출판사**
편저 **왕혜경** (홍익대학교 교수)

중급 - ②

중국어 제일
(주)시사중국어사
book.chinasisa.com

편저

왕혜경

고려대학교 문과대학 졸업
고려대학교 대학원 중국어학 석사과정 졸업
고려대학교 대학원 중국어학 박사과정 졸업(문학박사)
현 홍익대학교 교양과 교수

新 베이징 중국어 Beijing 40 중급 - ❷

초 판 발 행 1996년 2월 10일
개정판발행 2008년 11월 10일
개정 2쇄 2011년 1월 5일

편저 왕혜경
그림 주형근
표지 디자인 이건화
내지 디자인 이호영
펴낸이 엄호열
펴낸곳 중국어 제일 ㈜**시사중국어사**
book.chinasisa.com
등록일자 1988년 2월 13일
등록번호 제1 - 657호
주소 서울 종로구 원남동 4 - 1
전화 (02) 745 - 9594 **팩스** (02) 3671 - 0500

홈페이지 book.chinasisa.com
이메일 china@sisabook.com

날이 갈수록 여러 분야에서 중국과의 교류가 많아지고 있음을 실감하는 요즘이다. 그래서인지 재학중에는 중국어의 필요성을 조금도 느끼지 못하다가 뒤늦게 중국어에 입문하는 이들을 주변에서 쉽게 볼 수 있다. 그때 서점에 가서 중국어 학습용 교재를 내키는 대로 펼쳐보면, 대부분이 학생들을 대상으로 만들어진 것이어서 자신들이 볼 만한 교재는 거의 없다는 불평을 하기도 한다.

평소 실제 생활에 근접한 교재가 필요하다고 생각하던 차에 본 교재를 출간하게 되었다. 캠퍼스와 연관된 중국어 단어와 내용에 익숙했던 학생들에게도 본 교재는 이제껏 접하지 못했던 새롭고 신선한 주제로 비쳐질 것임을 확신한다.

본 교재의 바탕은 1950년대 중국주재 외교관이나 비즈니스맨을 대상으로 중국어를 가르치기 위해 설립된 〈베이징외교관 문화센터·北京外交人员文化中心〉에서 편찬한 《보보고·步步高》에 있다. 원서인 《보보고》 역시 좋은 책이기는 했지만, 시간의 흐름은 아름다운 무늬마저도 색 바래게 만드는 법. 시대의 변화와 함께 이미 쓰이지 않는 단어, 현실에서 벗어나거나 추가해야 할 내용이 많아져, 필자는 원서의 전체적인 흐름은 그대로 유지하고, 기타 부분은 한국인의 실정에 맞게 완전히 개정하는 작업을 하였다. 따라서 본 교재는 이전의 어느 중국어 학습서와는 다른 독특하고도 새로운 내용의 교재임을 강조하여 이야기하고 싶다.

부디 본 교재를 통하여 살아 숨쉬는 중국어를 익히고 배웠으면 하는 바람이다.

편저 왕혜경

본 교재는 총 4권이며, 각 권은 모두 10과로 구성되어 있다. 각 과는 본문, 단어, 문법 해설 그리고 연습문제의 순으로 배열되어 있다.

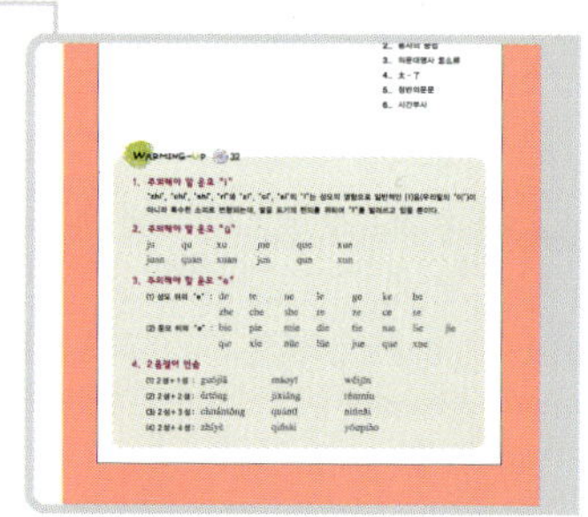

● 표현연습 ●

외국어 학습에 있어서 가장 기초적이며 중요시되는 발음 부분을 각과 도입 부분에 배치하여 학습자가 반복하여 학습할 수 있도록 구성하였다.

● 본문 ●

각 장면이나 상황에 가장 적절한 중국어 문형과 표현을 소개하고, 대화의 배경과 장소도 사실적으로 구성하였다. 한 과에서 익혀야 하는 새로운 단어나 표현은 기초 1권과 2권의 경우 10개에서 13개, 중급 1권과 2권은 15개에서 20개 정도로 제한하였다.

● 문법해설 ●

문법해설의 예문에는 어려운 단어의 사용을 지양하고, 이미 학습한 단어나 평이한 어휘만을 사용하였다.

외교관 김철수와 무역회사 직원인 그의 친구 박동화가 베이징에 부임한 뒤 겪게 되는 여러 가지 상황(생활, 업무, 물건 사기, 사교, 여행 등등)이 큰 줄기를 이루고 있다.

● 연습문제 ●

반복훈련을 통해 학습자들이 부담없이 새로운 단어와 문형들을 암기할 수 있도록 구성하였으며, 본문의 내용과 요점을 파악하는 데 도움이 될 수 있도록 배려하였다.

● 중국의 이모저모 ●

중국에 관련된 문화지식을 소개하여 중국과 중국 사람의 이해에 도움이 되도록 하였다.

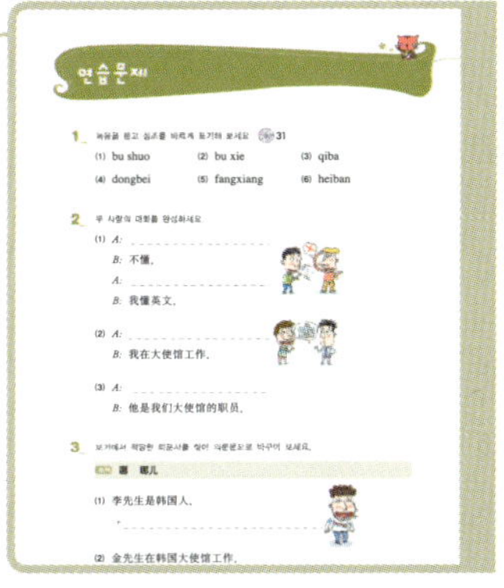

● 간체자 연습 ●

각 과에는 간체자의 올바른 필순을 익힐 수 있도록 연습용 페이지를 마련하였다.

강의계획	과	회화	핵심어법
제1주		중급1에서 배웠던 단어들과 표현들을 총 복습한다.	
제2주	1	한국어와 발상이 동일한 단어 · 숙어 ① : 书虫(子)	1_ 您下班了 2_ 又와 再의 비교 3_ 구조조사 得가 필요하지 않는 정도보어 4_ 동사 怕의 용법 5_ …的时候 6_ 결과보어 着zháo
		• 가정부와 집안 청소에 대해서 이야기를 나눌 때 필요한 표현들을 배운다. • "又"와 "再"의 차이점과 정도보어 "多" 및 결과보어 "着zháo" 등에 대해 학습한다.	
제3주	2	한국어와 발상이 동일한 단어 · 숙어 ② : 板上钉钉	1_ 不+A+不+B 2_ 你说呢? 3_ 除了…以外 4_ 不错와 没错儿 5_ 咱们과 我们 6_ 동사+着+형용사 7_ 강조구문 是…的
		• 중국의 명승고적에 관한 내용을 중심으로 여러가지 표현들을 배운다. • "동사+着+형용사" 문형과 "是…的"구문 등에 대해 학습한다.	
제4주	3	한국어와 발상이 동일한 단어 · 숙어 ③ : 绞脑汁	1_ 疼과 痛의 비교 2_ 시량보어와 어기조사 了 3_ 복합방향보어 起来의 용법 4_ 의문대명사의 임의지시 용법 5_ 능원동사 能과 会의 비교 6_ 这就의 의미

강의계획	과	회화	핵심어법
		• 몸이 아플 때 중국병원을 어떻게 이용하는지에 대하여 회화 연습을 한다. • 시량보어와 어기조사 "了", 복합방향보어 "起来"의 용법 및 의문대명사의 임의지시 용법 등에 대해 학습한다.	
제5주	4	한국어와 발상이 동일한 단어·숙어 ④ : 看家狗	1_ 不怎么…의 용법 2_ 열등비교 3_ 부사 再의 용법 4_ 正…呢의 용법 5_ 동사 找
		• 신체단련을 주제로 회화 연습을 한다. • 열등비교와 "正…呢"의 용법 등에 대해 학습한다.	
제6주	5	한국어와 발상이 동일한 단어·숙어 ⑤ : 走后门	1_ 특수한 형태의 정반의문문 2_ 방향보어 上 3_ 결과보어 到 4_ 주술구+的 5_ 이중부정문 6_ 감탄문 7_ 都…了 8_ 周到
		• 중국의 경극을 주제로 회화 연습을 한다. • 특수한 형태의 정반의문문과 방향보어 "上", 결과보어 "到" 및 "주술구+的" 등에 대해 학습한다.	
제7주		• 제1과에서 제5과까지 배운 문법 포인트를 총 복습하고, 그 동안 배운 표현을 이용하여 학생들이 각자 발표하는 시간을 가진다.	
제8주		• 중간 테스트	

강의계획	과	회화	핵심어법
제9주	6	재미있는 중국어 표현 ① : 半瓶醋	1_ 옷을 헤아리는 양사들 2_ 상반된 의미의 형용사로 이루어진 합성사(合成词) 3_ 再…就…의 용법 4_ 好의 파생 용법 5_ 능원동사 得děi
		• 양복점에서 양복을 맞추기 위해 필요한 다양한 표현들을 배운다. • 옷을 헤아리는 양사와 상반된 의미의 형용사로 이루어진 합성사 및 능원 동사 "得" 등에 대해 학습한다.	
제10주	7	재미있는 중국어 표현 ② : 省油灯	1_ 越来越… 2_ 说不定… 3_ 동작의 진행을 나타내는 在 4_ 주어의 성분 5_ 범위를 한정하는 就의 용법 6_ 把자문(把字句) 7_ 别忘了
		• 바쁘게 일을 하고 있는 와중에 친구가 놀러왔을 때 쓰이는 다양한 표현들을 배워본다. • "把"자문과 동작의 진행을 나타내는 "在" 등에 대해 학습한다.	
제11주	8	재미있는 중국어 표현 ③ : 打肿脸充胖子	1_ 전치사 往 2_ 不…吗 문형의 반어문 3_ 부사어(状语)로 쓰이는 단음절 형용사 4_ 전치사 为了 5_ 어림수(概数)를 표현하는 방법① 6_ 부사 恐怕 7_ 동사+不+出

강의계획	과	회화	핵심어법
		• 우체국에서 쓰이는 다양한 표현들을 중심으로 회화 연습을 한다. • 부사어로 쓰이는 단음절 형용사와 어림수를 표현하는 방법 등에 대해 학습한다.	
제12주	9	재미있는 중국어 표현 ④ : 小报告	1_ 부사 最 2_ 好+동사 3_ 就와 才의 비교 4_ 연속복문(连续复句)
		• 중국에서 한국으로 돌아오는 상황을 설정하고 그에 대한 회화를 연습한다. • "就"와 "才"의 비교, 그리고 연속복문 등에 대해 학습한다.	
제13주	10	재미있는 중국어 표현 ⑤ : 醋坛子	1_ 어림수(概数)를 표현하는 방법② 2_ 조동사 可以 3_ 招待의 의미 4_ 전치사 向 5_ 祝你旅行愉快
		• 휴가여행을 떠나는 친구를 보낼 때 자주 쓰이는 표현을 중심으로 회화를 연습한다. • 어림수와 조동사 "可以" 및 전치사 "向"에 대해 학습한다.	
제14주		• 제6과에서 제10과까지 배우고 익힌 문법 포인트를 총 복습하고, 그 동안 배운 표현을 이용하여 학생들이 각자 발표하는 시간을 가진다.	
제15주		• 최종 테스트	

품사의 정리

중국어에서는 단어를 실사(实詞)와 허사(虛詞)로 구분한다. 실사란 비교적 실제적인 의미를 갖고 대체로 단독으로 문장 성분이 되는 것이며, 허사란 단독으로 문장 성분이 되지 않는 것을 말한다. 부사는 문장성분에서 부사어가 될 수도 있고, 감탄사도 하나의 문장이 될 수 있지만 이들도 허사 속에 포함된다.

1. 명사	사람 혹은 구체적인 사물을 나타낸다	鲁迅　同志　工人　山　牛　铅笔
	추상적인 사물을 나타낸다	教育　交通　事务　战争　友谊
	장소를 나타낸다 〈장소사〉	北京　长城　黄河　亚洲　美国
	시간을 나타낸다 〈시간사〉	秋天　夏季　明天　早晨　晚上
	방위를 나타낸다 〈방위사〉	东　西　上　下　前面　后头
2. 동사	동작·행위를 나타낸다	走　打　说　保卫　团结　支持
	존재·변화를 나타낸다	有　存在　消失　缩小　兴旺
	심리활동을 나타낸다	想　爱　恨　忘记　希望　喜欢
	사역을 나타낸다	使　叫　让　请　命令　要求
	가능·원망(願望)을 나타낸다 〈능원동사〉	能　会　可以　应该　愿意
	방향을 나타낸다 〈방향동사〉	来　去　起来　过来　下去　进来
	판단을 나타낸다 〈판단사〉	是
3. 형용사	성질을 나타낸다 〈성질형용사〉	高　好　小　美丽　优秀　勇敢
	상태를 나타낸다 〈상태형용사〉	大大　干干净净　雪白　热乎乎
4. 수사	명확한 수를 나타낸다	一　二　三十　百　千
	대략적 수를 나타낸다	几　一些　许多　少数
5. 양사	명사적 양을 나타낸다 〈명량사〉	个　本　枝　件　尺　寸　斤
	동사적 양을 나타낸다 〈동량사〉	次　回　下　遍　阵　趟
6. 대명사	인칭대명사	我　你　他　我们　你们　他们
	의문대명사	谁　什么　怎么　怎样　哪　哪里
	지시대명사	这　那　这里　那里　这么　那么
7. 부사		很　都　不　非常　往往　就　又
8. 전치사		由　自　从　在　向　朝　和　对于
9. 접속사		和　同　不但　而且　虽然　但是
10. 조사	구조조사	的　地　得　所　似的
	동태조사	了　着　过
	어기조사	的　了　吗　呢　吧
11. 감탄사		啊　哎　哎呀　呸　喂　嗯
12. 의성어		砰　哗　轰隆　乒乓　哗啦啦

contents

박동화
한국무역회사
북경주재원
장후와쥔
박동화의 동료,
한국무역회사
북경지사 직원
정참사관의
부인
정참사관 부부의
중국어 선생
김철수
주중한국대사관
직원
정참사관
김철수의 상사
리밍
주중한국대사관
직원
왕란
리밍의 친구

1

훨씬 깨끗해졌다.

干净多了。

Gānjìng duō le.

WARMING-UP

한국어와 발상이 동일한 단어·숙어 ① : 书虫(子) shūchóng(zi)

《연세한국어사전》에서는 "지나치게 책을 좋아하거나 공부만 하는 사람"을 책벌레라고 정의하였는데, 책을 읽기만 하고 활용할 줄 모르는 사람 역시 우리들은 놀림조로 "책벌레"라고 부르며 폄하합니다. 책벌레에 해당하는 영어의 "bookworm"에도 위의 두 가지 뜻이 있고, 중국어 역시 마찬가지입니다.

"책벌레"란 단어에 대해서는 동서양의 경계를 넘어 인류가 서로 공감대를 형성하는 정형화된 이미지가 존재한다고 규정해도 괜찮을 듯합니다.

언어	A	B	A+B
한국어	책	벌레	책벌레
영어	book	worm	bookworm
중국어	书	虫(子)	书虫(子)

참고로 "书虫子"는 "书蛀虫shūzhùchóng" 혹은 "书呆子shūdāizi"라고도 합니다.

예 经营系有个才女叫李雯，可惜她是个书虫子。
경영학과에 리원이란 재원이 있지만, 안타깝게도 그녀는 책벌레야.

 1

在金哲秀的家里

| 阿 姨 | 金先生，您下班了？ |

| 金哲秀 | 哦！都五点半了，阿姨怎么又没下班？ |

| 阿 姨 | 工作还没做完呢。我刚烫完衣服。

金先生，房间这么收拾可以吗？ |

| 金哲秀 | 可以，可以。这些天我一直比较忙，家里很长时间没好好儿收拾了。哪儿都很乱。现在好多了。 |

NEW WORDS

下班 xià//bān ⑧ 퇴근하다	干净 gānjing ⑲ 깨끗하다. 청결하다
烫 tàng ⑧·⑲ 다림질하다. (뜨거운 물체에) 데다. 파마하다	
收拾 shōushi ⑧ 정리하다	乱 luàn ⑲ 어지럽다. 혼란스럽다

 **2**

阿　姨	客厅的地毯我用吸尘器吸了两次， 您看是不是干净点儿了？
金哲秀	干净多了。哦！窗户的玻璃也擦了？ 以后您不要擦玻璃了，太危险了。
阿　姨	我只擦了下边的，上边的没办法擦。 对了，您那些书、报纸，我没动，因为不知道哪些是您常看的， 怕您找不着。
金哲秀	您说得对。

地毯 dìtǎn 명 양탄자. 카펫　　　　　**吸尘器** xīchénqì 명 진공청소기

吸 xī 동 (액체, 기체 등을) 들이마시다. 흡수하다　　**玻璃** bōli 명 유리

怕 pà 동 두려워하다. 싫어하다. 걱정하다　　**书** shū 명 책　　**报纸** bàozhǐ 명 신문

动 dòng 동 움직이다. 이동하다. (위치나 모습 등에) 손을 대다. 이동시키다. 감동하다

危险 wēixiǎn 형 위험하다　　　　**办法** bànfǎ 명 방법. 수단

阿　姨　　熨好的衣服放到柜子里吗？

金哲秀　　您就先放在床上吧，我自己收。

阿　姨　　行。这样您穿的时候也好找。

金哲秀　　我也是这么想的。

　　　　　今天您一定很累了，快回家吧。

NEW WORDS

收 shōu ⑧ (안에) 넣다. 수납하다. 모으다. 수확하다. 받아들이다. 징수하다

穿 chuān ⑧ (옷, 양말, 신발 등을) 입다. 신다 (구멍을) 뚫다

 **4**

阿　姨　　没什么，开始的时候事儿多点儿，以后就好了。

金哲秀　　是这样。明天是星期六，我和朋友一起去玩儿，

一天都不在家。您不用来了，好好儿休息休息，

下星期再来。

阿　姨　　好吧，下星期一见！

不用 búyòng ⑧ 필요없다

문법해설

1 **您下班了**

"퇴근하신 거예요?"라는 뜻으로, 이 문장처럼 평서문의 문미를 살짝 올려 발음함으로써 의문의 느낌을 나타낼 수 있다.

你要走了？

你不喜欢这件衣服？

2 **又와 再의 비교**

부사 "又"와 "再"는 모두 동사 앞에서 부사어로 사용되며 동작이나 상황이 중복되는 것을 나타낸다. 차이점은 "又"는 일반적으로 이미 중복된 동작이나 상황을 나타내는 반면, "再"는 아직 중복되지 않은 동작이나 상황이 장차 중복될 것임을 나타낸다.

他昨天又来我家了。

你明天能再来吗？

3 **구조조사 得가 필요하지 않는 정도보어**

정도보어의 기본 어순은 동사(형용사)+得+보어 이다. 그러나 간혹 구조조사 得를 필요로 하지 않는 정도보어가 있는데, 대부분 형용사(심리동사)+보어+了 의 어순을 취하며, 이때 보어의 위치에는 "极、死、多、透" 등의 제한된 몇 가지의 어휘만 올 수 있다.

干净多了。

我高兴极了。

4 동사 怕의 용법

"怕"는 두렵다, (물건이 온도, 습도 등에) 약하다, (사람이 추위나 더위 등에) 견디지 못하다, 걱정하다는 등의 다양한 의미로 쓰이는데, 걱정하다의 뜻으로 쓰이는 경우에는 "怕" 다음에 동사(구), 형용사(구) 혹은 주술구가 이어진다.

怕您找不着。

我怕他太累，所以叫人去帮忙。

5 …的时候

"…할 때"의 뜻으로, 앞에 동사(구), 형용사, 주술구조 등이 올 수 있다.

这样您穿的时候也好找

吃饭的时候不可以说话。

饿的时候什么都好吃。

6 결과보어 着zháo

동사+着zháo 는 동작의 목적이 달성되었음을 나타낸다. 중급 1권 제5과 가능보어에서 언급한 것과 같이 결과보어나 방향보어 사이에 得 또는 不를 삽입하여 함께 쓰면 가능보어가 된다.

电影票终于买着了。

星期六的电影票怎么也买不着。

연습문제

1 다음 단어를 바꾸어서 연습해 보세요.

(1) <u>家里很长时间没好好儿收拾</u>，<u>现在好</u>　　多了。

昨天吃了药	今天好
你的衣服比我的	贵
有了汽车	出去玩儿方便

(2) <u>那些书、报纸，我没动</u>，<u>怕你找</u>　　不着。

衣服你自己收吧	我收了怕你找
这本书	现在买
他不在大使馆	你去了也见

(3) 开始的时候　<u>事多</u>　点儿，以后就　<u>好</u>　了。

汉语难	不难
热	不热
工作累	习惯

2 다음 보기에서 알맞은 단어를 찾아 빈칸에 써보세요.

> **보기**　收起来　怕冷　打扫卫生　擦擦　熨衣服　一直　洗衣服
> 不怕麻烦　怕他着急　洗

(1) 你冬天__________吗？

(2) 我该走了，晚了__________。

(3) 我的老师很好，我常常问他问题，他也__________。

(4) 阿姨每天的工作是__________、__________、__________。

(5) 昨天__________下雨，我哪儿也没去。

(6) 这些衣服不脏，不用＿＿＿＿＿＿。

(7) 阿姨，桌子脏了，你＿＿＿＿＿＿吧。

(8) 这些衣服熨好了，您＿＿＿＿＿＿吧。

3＿ 다음 문장의 잘못된 곳을 찾아 바르게 고쳐보세요.

(1) 我昨天再去了中国大使馆。

→ ＿＿＿＿＿＿＿＿＿＿＿＿＿＿＿＿＿＿＿＿＿＿＿＿＿＿

(2) 你明天想又来吗？

→ ＿＿＿＿＿＿＿＿＿＿＿＿＿＿＿＿＿＿＿＿＿＿＿＿＿＿

(3) 开始学汉语时候，觉得汉语很难。

→ ＿＿＿＿＿＿＿＿＿＿＿＿＿＿＿＿＿＿＿＿＿＿＿＿＿＿

(4) 他怎么再没来上班了？

→ ＿＿＿＿＿＿＿＿＿＿＿＿＿＿＿＿＿＿＿＿＿＿＿＿＿＿

(5) 因为阿姨每天打扫，房间干净得多。

→ ＿＿＿＿＿＿＿＿＿＿＿＿＿＿＿＿＿＿＿＿＿＿＿＿＿＿

4＿ 다음 우리말을 중국어로 옮기세요.

(1) 방은 이렇게 치우면 되나요?

→ ＿＿＿＿＿＿＿＿＿＿＿＿＿＿＿＿＿＿＿＿＿＿＿＿＿＿

(2) 거실의 카펫은 제가 청소기로 두 번 빨았습니다.

→ ＿＿＿＿＿＿＿＿＿＿＿＿＿＿＿＿＿＿＿＿＿＿＿＿＿＿

(3) 내일은 토요일이라서 저는 하루 종일 집에 없습니다.

　　→ ______________________________________

(4) 다 다린 옷은 옷장에 두나요?

　　→ ______________________________________

(5) 이렇게 하면 입을 때 찾기도 편합니다.

　　→ ______________________________________

5 다음 단문을 읽고 물음에 답하세요. 🔊 5

有一天金哲秀找放在桌子上的钥匙，却找不着，就问阿姨有没有看见他的钥匙。阿姨说没有看见。还说她擦桌子的时候也没看见钥匙。金哲秀找了半天才找到钥匙，原来金哲秀把钥匙放在桌子上的报纸下边，所以阿姨擦桌子的时候也没看见。找到钥匙以后，阿姨跟金哲秀说，"以后您得注意点儿，东西要放在看得见的地方。"

(1) 金哲秀找什么？ → ______________________________

(2) 金哲秀有没有找到他找的东西？ → ______________________________

(3) 阿姨擦桌子的时候为什么没看见钥匙？ → ______________________________

(4) 阿姨希望金哲秀把东西放在哪儿？ → ______________________________

净 jìng	净净净净净净净净
烫 tàng	烫烫烫烫烫
收 shōu	收收收收收
拾 shī	拾拾拾拾拾
乱 luàn	乱乱乱乱乱
毯 tǎn	毯毯毯毯毯
吸 xī	吸吸吸吸吸
尘 chén	尘尘尘尘尘
玻 bō	玻玻玻玻玻
璃 lí	璃璃璃璃璃

　　서양인들이 숫자 7을 행운의 상징으로 여기고, 13일의 금요일을 꺼려하는 것처럼 중국인들도 숫자에 대한 그들만의 생각이 있다.

　　중국인들이 가장 좋아하는 숫자는 '8'이다. 이는 '중국어로 부자 되세요', '돈 많이 버세요'를 恭喜gōngxǐ 发财fācái라고 하는데. 이 말에서 '(돈을) 벌다'의 의미로 쓰인 发fā의 발음이 숫자 八bā와 발음이 유사하기 때문이라고 한다. 따라서, '88888'처럼 숫자 '8'이 연속해서 들어가는 자동차번호는 고가에 거래가 되기도 하며, 식당, 상점, 호텔 등과 같은 곳은 영업이 잘 되길 바라는 뜻에서 숫자 '8'이 연속된 전화번호를 선호한다. 중국의 베이징올림픽의 개막일이 2008년 8월 8일 오후8시인 것도 중국인이 숫자 '8'을 좋아하기 때문이다.

　　'8' 다음으로 중국인들이 좋아하는 숫자는 '9'이다. 이것은 '오래 장수하다'라는 뜻의 久jiǔ와 숫자 九jiǔ의 발음이 같기 때문이다. 그 예로 자금성 내의 방도 황제의 불로장생을 염원하는 의미에서 총9,999개이고, 황제는 아홉 마리의 용이 수놓아져 있는 九龙袍jiǔlóngpáo 구룡포를 입었다.

　　'6' 또한 중국인들이 좋아하는 숫자이다. 그 이유가 명예로운 '나라로부터 받는 녹'

이라는 뜻인 俸禄fènglù의 禄lù, 그리고 '길'이라는 뜻의 路lù가 六liù와 발음이 유사하여, 운전 시 순조롭고 평탄하기를 바라는 뜻에서 자동차 번호에 연속된 숫자 '6'을 넣기도 한다. 또 어떤 사람들은 '흐르다'는 뜻의 流liú, '미끄러지다'라는 뜻의 溜liú가 '6'의 발음과 비슷하다고 하여, 자동차가 탈없이 잘 굴러가길 바란다는 의미에서 '6'이 들어간 번호판을 좋아한다고 한다.

　　그렇다면 중국인들이 가장 싫어하는 숫자는 무엇일까? 바로 숫자 '4'이다. 이것은 한국인들의 인식처럼 四sì가 '죽다'라는 뜻의 死sǐ와 발음이 유사하기 때문이다. 따라서 '14'는 번호로 읽으면 一四yāosì로 '죽어야 한다'라는 뜻의 要死yàosǐ와 발음이 유사하여 중국인들이 꺼려하는 번호이다.

2

소풍 가다.

去野餐。
Qù yěcān.

한국어와 발상이 동일한 단어 ② : 板上钉钉 bǎn shàng dìng dīng

한참 동안 "대못질하다"란 표현이 신문지상을 누볐습니다. 기존의 정책을 다음 정부에서 어떻게 할 수 없도록 기정사실화한다는 의미로 그런 표현을 자주 사용했었지요.

중국어에도 이와 유사한 표현이 있으니 바로 "板上钉钉"이 그것입니다. 직역하면 "판자 위에 못을 박는다"라는 뜻이 되는데, 전하여 "일이 이미 결정되어서 더이상 어떻게 해볼 수 없다", "절대로 변경할 수 없다"는 의미를 나타냅니다. 문법적으로 볼 때, 앞의 "钉dìng"은 동사로서 "못을 박다", 두 번째 "钉dīng"은 명사 "못"을 의미합니다. 같은 글자이지만 품사가 다르기 때문에 성조도 다른 것입니다.

발상은 동일하지만, 우리말의 "대못질하다"가 주로 그다지 바람직하지 않은 상황에 많이 쓰이는 반면, 중국어의 "板上钉钉"은 바람직하지 않은 상황보다는 좀더 밝은 내용과 연관되어 많이 쓰인다는 것이 차이라고나 할까요.

例 韩国国家足球队参加下次世界杯足球赛是板上钉钉的事。
한국 축구국가대표팀이 다음 월드컵에 출전하는 것은 당연한 일이다.

🔘 6

在金哲秀的汽车上

朴东和 你看，今天天气真好！不冷不热，空气也很新鲜。

金哲秀 是啊！秋天是北京最好的季节，到郊外去玩儿很舒服。

朴东和 今天我们是先去八达岭还是先去十三陵？

金哲秀 你说呢？

朴东和 我去过十三陵，还没去过八达岭。

不知道八达岭离十三陵远不远？

金哲秀 不很远。我们先去八达岭，

回来的时候再去十三陵，怎么样？

NEW WORDS

野餐 yěcān 명·동 야외에서 하는 식사. 소풍을 가다　　空气 kōngqì 명 공기

秋天 qiūtiān 명 가을　　季节 jìjié 명 계절　　郊外 jiāowài 명 교외

舒服 shūfu 형 쾌적하다, 편안하다

八达岭 Bādálǐng [지명] 빠따링(팔달령). 베이징에서 산시성山西省, 내몽골, 장지아커우張家口로

가는 교통의 요지. 지금은 만리장성을 직접 체험할 수 있는 관광지로 유명하다.

十三陵 Shísānlíng [지명] 13릉. 츠앙핑현昌平縣(베이징의 서북쪽 교외)에 위치하고 있는 명나라

황제 13명의 능.　　长城 Chángchéng [지명] 만리장성

朴东和　好。听说北京附近的长城，除了八达岭以外，

还有别的地方，是吗？

金哲秀　是啊，还有"慕田峪"、"古北口"、"司马台"，

听说都不错。

朴东和　那些地方，我都没去过。

金哲秀　我也没去过。

你如果想去，

现在我有车了，

咱们想什么时候去就什么时候去。

除了…以外 chúle…yǐwài …을 제외하고　　　咱们 zánmen ㈜ 우리

慕田峪 Mùtiányù [지명] 무티엔위(모전욕). 베이징 화이르어우구(懷柔區)에 있는 만리장성. 명나라 때 건설되었다.　　　古北口 Gǔběikǒu [지명] 꾸뻬이커우(고북구). 베이징 미윈현(密雲縣) 북쪽에 있는 만리장성. 당나라 때 축성이 시작되었다고 알려져 있다.

司马台 Sīmǎtái [지명] 쓰마타이(사마대). 베이징 미윈현(密雲縣) 동북쪽에 있는 만리장성. 전체 만리장성 중에서 건축학적으로 가장 아름다운 모습을 갖춘 구간으로 명성이 자자하다.

🔘 8

朴东和　我还没好好儿看你这辆车呢，不过坐着还很舒服。

你是从哪儿买的？

金哲秀　是一个朋友卖给我的，他月底就要回国了。

这辆车是他两年前买的，哪儿都没毛病。

朴东和　太好了，以后我们出去玩儿就方便了，要不，

还得坐出租汽车。对了，今天我们在八达岭还

是在十三陵野餐？

NEW WORDS

辆 liàng ⑬ 자동차 등을 헤아리는 양사　　　月底 yuèdǐ ⑬ 월말

底 dǐ ⑬ 바닥, (어떤 일의) 진상. (일년, 한 달의) 마지막. 끝

9

金哲秀　看情况吧，我看哪儿都一样，最好是什么时候饿了，

　　　　就什么时候吃。

朴东和　我说也是。哲秀，注意前边到十字路口了，开慢点儿。

金哲秀　对，特别是在北京开车，更要小心，

　　　　因为骑自行车的人很多。

朴东和　没错儿。

情况 qíngkuàng 몡 상황. 상태. 사정. 모습

开 kāi 통 (닫혀있던 것을) 열다. (기계류를) 운전하다. 조종하다. (봉쇄, 제약 등을) 풀다. 해제하다, (총, 대포 등을) 발사하다

小心 xiǎoxīn 통·형 조심하다. 주의하다　　　　**没错儿** méicuòr 틀림없다

1 不+A+不+B

A와 B에 서로 상반되는 의미의 단음절 단어를 넣어서 지나치지도 부족하지도 않은 적절한 상태를 표시한다. 즉, 본문의 "不冷不热"는 "춥지도 덥지도 않다"라는 뜻이다.

看来她不胖不瘦。 

今天来得不早不晚。

2 你说呢?

"당신은 어떻게 생각하세요?"라는 뜻으로 상대방의 견해를 물으면서 동시에 자신의 생각에 동의해 주기를 바라는 감정도 들어 있다.

你说呢? 像我们这些干惯工作的人, 能在家闲得住吗?

3 除了…以外

"…을 제외하고"라는 뜻으로, 除了+A+以外 에 이어지는 절에 "还、再、也"가 있으면, 이미 알고 있는 사실 A를 제외한 또 다른 무엇인가를 "还、再、也" 뒤에 진술한다.

他的房间里除了家具以外, 还有不少书。 

4 不错와 没错儿

얼핏 비슷한 단어로 보이겠지만 "不错"는 "훌륭하다", "좋다", "没错"는 "틀림없다", "정확하다"는 뜻이므로 주의하여 사용해야 한다. 특히 구어체에서 "没错"는 종종 "没错儿"로 발음한다.

没错儿, 这是他设计的。

他写字写得真不错。

5　咱们과 我们

"我们"은 화자 본인을 포함한 "우리"를 말하고, "咱们"은 화자가 포함된 집단은 물론이고 듣고 있는 상대방의 집단까지 아울러 지칭하는 대명사이다.

我们去图书馆，你要是去，咱们一起去吧。

6　동사+着+형용사

"동사"의 동작을 시행하여 그 결과를 "형용사"로 표현하는 문형이다.

坐着还很舒服。

这个东西拿着太重。

7　강조구문 是…的

어떤 동작이 과거에 이미 행해졌다는 것은 이미 알고 있지만, 그 동작이 행해진 시간, 장소, 방법, 목적, 조건 등을 특별히 강조하고자 할 때 사용한다. 긍정문에서는 "是"를 생략할 수 있지만, 부정문에서는 생략할 수 없다.

我(是)坐车来的。

我不是坐车来的。

동사가 목적어를 동반하고 있는 경우, "的"는 목적어 앞이나 문장 끝에 모두 올 수 있지만, 목적어가 인칭대명사일 경우 "的"는 반드시 문장 끝에 두어야 한다.

我们是昨天晚上看电影的。

我们是昨天晚上看的电影。

我是上星期六看见他的。

연습문제

1_ 다음 단어를 바꾸어서 연습해 보세요.

(1) 除了 <u>八达岭</u> 以外, <u>还有别的地方</u>。

> 西安　　　　　　还去过上海
> 会骑自行车　　　还会开汽车
> 星期天　　　　　每天都上班

(2) <u>这辆车是他两年前买的</u>, 哪儿　都　<u>没毛病</u>。

> 晚上睡好了觉　　　　不疼了
> 他每个周末　　　　　不去
> 他觉得他的女朋友　　漂亮

(3) 最好是什么时候 <u>饿了</u>, 就　什么时候 <u>吃</u>。

> 想睡　　睡
> 渴了　　喝
> 有钱了　买

2_ 다음 보기에서 알맞은 단어를 찾아 빈칸에 써보세요.

> 보기　新鲜　觉得　看情况　离　不冷不热　不多不少　只是

(1) 今天天气__________。

(2) 这些菜很__________。

(3) 你给的钱__________。

(4) 我__________看看, 不买。

(5) 现在__________冬天还有好几个月呢。

(6) 你＿＿＿＿＿＿＿＿＿哪儿不舒服？要不要去医院看看？

(7) 下星期的旅游现在还不知道能不能去，

　　我要＿＿＿＿＿＿＿＿＿。

3＿ 다음 문장의 잘못된 곳을 찾아 바르게 고치세요.

(1) 你是什么时候来中国？

→ ＿＿＿＿＿＿＿＿＿＿＿＿＿＿＿＿＿＿＿

(2) 那个箱子看很重，拿一点儿也不重。

→ ＿＿＿＿＿＿＿＿＿＿＿＿＿＿＿＿＿＿＿

(3) 他汉字写得真没错。

→ ＿＿＿＿＿＿＿＿＿＿＿＿＿＿＿＿＿＿＿

(4) 这辆汽车看不错，坐不舒服。

→ ＿＿＿＿＿＿＿＿＿＿＿＿＿＿＿＿＿＿＿

(5) 她是昨天到了韩国。

→ ＿＿＿＿＿＿＿＿＿＿＿＿＿＿＿＿＿＿＿

4＿ 다음 우리말을 중국어로 옮기세요.

(1) 이 차는 한 친구가 나에게 판 것입니다.

→ ＿＿＿＿＿＿＿＿＿＿＿＿＿＿＿＿＿＿＿

(2) 이 차는 그가 이 년 전에 산 것으로, 전혀 고장난 곳이 없습니다.

→ ＿＿＿＿＿＿＿＿＿＿＿＿＿＿＿＿＿＿＿

(3) 특히 북경에서 운전할 때는 더욱 조심해야 합니다.

→ ______________________________

(4) 좀 천천히 운전하세요.

→ ______________________________

(5) 하지만, 승차감은 꽤 편한데요.

→ ______________________________

5 다음 단문을 읽고 물음에 답하세요. 🔟 10

秋天是北京最好的季节，天气不冷不热，也不常刮风，出去旅游很方便。今天金哲秀和朴东和想去郊外玩儿。朴东和去过十三陵，没去过长城，所以他们决定去八达岭长城玩儿。北京附近的长城，除了八达岭以外，还有慕田峪、古北口、司马台，风景都不错。金哲秀现在有车了，以后他们想什么时候出去玩儿，就可以什么时候出去玩儿了。

(1) 一年中什么时候是北京最好的季节？为什么？→ ______________

(2) 今天金哲秀和朴东和想去哪儿玩儿？→ ______________

(3) 北京附近的长城都有哪些？→ ______________

(4) 为什么以后他们想什么时候出去玩儿，就可以什么时候出去玩儿了呢？→ ______________

野 yě	丨 冂 日 日 甲 甲 里 里 野 野 野	野 野 野 野 野
空 kōng	丶 丶 宀 宀 空 空 空 空	空 空 空 空 空
秋 qiū	丿 一 千 禾 禾 禾 秋 秋	秋 秋 秋 秋 秋
季 jì	一 二 千 禾 禾 季 季 季	季 季 季 季 季
节 jié	一 十 节 节 节	节 节 节 节 节
郊 jiāo	丶 一 六 六 交 交 郊	郊 郊 郊 郊 郊
舒 shū	丿 卜 户 户 卢 舍 舍 舍 舒 舒 舒 舒	舒 舒 舒 舒 舒
除 chú	丨 阝 阝 阼 阼 除 除 除	除 除 除 除 除
辆 liàng	一 土 幺 车 车 轩 轩 辆 辆 辆 辆	辆 辆 辆 辆 辆
底 dǐ	丶 一 广 广 庐 庐 底 底	底 底 底 底 底

중국의 전통 고전악기 입니다. 왼쪽 상단 시계 방향으로 古箏 gǔzhēng, 二胡 èrhú, 琵琶 pípa, 埙 xūn 입니다.

중국에서 가장
오래된 악기입니다.

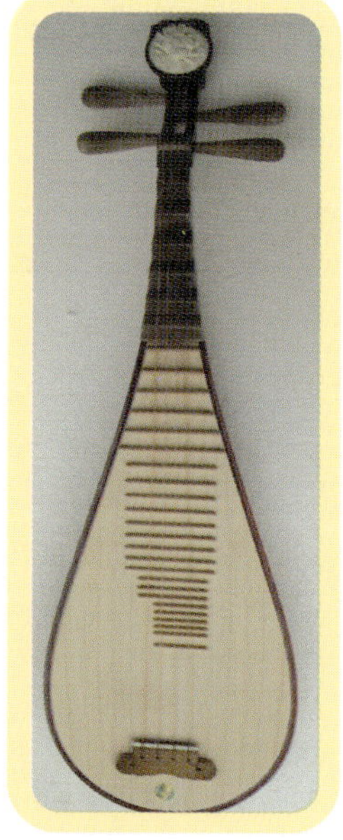

3

병원에 가다.

去医院。
Qù yīyuàn.

CHECK-up POINT

1_ 疼과 痛의 비교
2_ 시량보어와 어기조사 了
3_ 복합방향보어 起来의 용법
4_ 의문대명사의 임의지시 용법
5_ 능원동사 能과 会의 비교
6_ 这就의 의미

WARMING-UP

한국어와 발상이 동일한 단어·숙어 ③ : 绞脑汁 jiǎo nǎozhī

"脑汁"는 원래 "뇌수(脑髓)"를 의미했지만, 지금은 "머리", "사고력", "지혜" 등을 상징하는 단어로 쓰이고, "绞"는 어떤 물건을 "비틀어 짜다", "죄어 짜다"란 뜻의 동사입니다. 이 두 단어가 결합한 "绞脑汁"를 한국어로 옮긴다면 역시 "머리를 쥐어짜다"보다 더 적절한 표현을 찾기는 힘들 겁니다. 다만 중국어에서는 "绞脑汁"를 그대로 쓰기보다는 동사 뒤에 우리말의 "다하다" 정도에 해당하는 "尽"을 첨가하여 "绞尽脑汁"라고 하는 게 일반적입니다.

예 他绞尽脑汁也想不出解决的办法来。
　　그는 머리를 아무리 쥐어짜도 해결할 방법이 떠오르지 않았다.

영어에도 "rack one's brains"(머리를 짜다)란 표현이 존재하는 걸 보면, 고민할 때 인간의 모습은 누구의 눈에도 자신의 머리를 쥐어짜는 듯이 비치나 봅니다.

🎵 11

在办公室里

张华均	朴先生，你不舒服吧？怎么了？
朴东和	腰疼。已经疼了两天了。
张华均	疼得厉害吗？
朴东和	昨天很厉害，今天好多了。
	现在走路，腰能直起来了。

NEW WORDS

腰 yāo 몡 허리　　　　**疼** téng 혱 아프다. 쑤시다　　　　**厉害** lìhai 혱 심하다. 대단하다

直 zhí 동 바르게 하다. 똑바로 펴다. 혱 공정하다. 올바르다

起来 qǐlai [방향보어] (앉거나 누운 상태에서) 일어나다

12

张华均　　去医院看了吗？

朴东和　　还没有。因为昨天疼得不能走路。

　　　　　另外，我也不知道去哪个医院好。

张华均　　你想看中医还是西医？

朴东和　　我还没想过。你说什么好？

张华均　　中医治腰疼，可以针灸，也可以按摩。

　　　　　我的一个朋友，

　　　　　以前也常常腰疼，

　　　　　针灸以后，很长时间了，

　　　　　也没有再疼。

中医 zhōngyī 몡 한의학. 중국의학. 한의사	西医 xīyī 몡 서양의학. 양의사
治 zhì 동 치료하다	可以 kěyǐ 조동 …할 수 있다
针灸 zhēnjiǔ 몡 침구. 침질과 뜸질	针 zhēn 몡 침. 바늘. 주사
按摩 ànmó 동 안마하다	

13

朴东和　那我去看中医。我想针灸、按摩都试一试。

我还没去过北京的医院呢。挂号难不难？

要不要预约？

张华均　一般不用预约。如果病得厉害，还可以看急诊。

朴东和　那我就看急诊，可能还快点儿。

张先生，你能陪我去吗？

NEW WORDS

挂号 guà/hào 동 등록하다. 접수하다

预约 yùyuē 동 예약하다

急诊 jízhěn 명 급진. 응급

急 jí 형 초조하다. 안달하다. 급하다

🔊 14

张华均　你什么时候去？如果我没有时间，可以让司机

小王跟你一起去，他常陪人去看病，没问题。

朴东和　可以。小王现在有事吗？如果他没别的事，

我们上午就去医院。

张华均　好。我这就去问问他。

朴东和　谢谢你。

张华均　不谢。

看病 kàn//bìng ⑧ 진찰하다. 치료하다. 진료를 받다

문법해설

1 　疼과 痛의 비교

둘 다 "아프다"는 뜻을 나타낸다는 점에서 비슷하지만, "疼"이 주로 육체적인 고통에 쓰이는데 반해, "痛"은 육체적인 고통은 물론이고 정신적인 고통에도 쓸 수 있다는 점에서 다르다.

昨天疼得不能走路。

她失恋以后十分痛苦。

2 　시량보어와 어기조사 了

동작이나 상태가 지속된 시간을 표현할 때 중국어에서는 시량보어를 사용한다. 의문문은 주로 "多长时间"을 사용하여 만든다.

문장에서 어순은 동사에 목적어가 따르지 않을 경우 시량보어는 동사 뒤에 놓인다. 그러나 동사 뒤에 목적어가 따를 경우 혹은 동사가 이합사일 경우에는 해당 동사를 반복해야 하며, 목적어가 인칭대명사일 경우 시량보어는 반드시 목적어 뒤에 두어야 한다.

我在中国住了两年。

我们上班上了十个小时。

我找了你一个小时。

만약 동사 뒤에 동태조사 "了"가 있고, 문미에 어기조사 "了"가 또 나오면 동작이 아직도 진행되고 있음을 의미한다.

我疼了两天。(지금은 아프지 않음)

我疼了两天了。(지금도 계속 아프고 있음)

또한 지속의 의미를 가질 수 없는 동사 뒤에 시량보어가 올 경우, 그 의미는 동작이 발생한 시점부터 특정한 시점까지 걸린 전체 기간을 나타낸다.

他去中国一个月了。

3   복합방향보어 起来의 용법

동사(형용사)의 뒤에 쓰여서 사물을 낮은 상태에서 높은 상태로 올려주는 동작을 표현한다.

你把头抬起来。

구체적인 동작이나 상황이 시작됨을 나타낸다.

星期天腰就疼起来了。

여러 가지 파생의미(동작의 완성, 집중, 목적의 달성 등)를 나타낸다.

你把精神集中起来。

동작의 실행 과정, 즉 "…해 보다"는 뜻을 표현한다.

看起来要下雨。

4   의문대명사의 임의지시 용법

문장에서 불특정한 어떤 것을 지칭하는 용법으로, 뒤에 "都、也"를 동반할 때도 있다. 이때 비록 의문대명사를 포함하는 문장이라고 하더라도 이 용법으로 쓰이고 있다면 평서문으로 간주한다. (중급1권 제10과 문법해설 참조.)

我也不知道哪个医院好。

这几件衣服哪一件也不合适。

5 능원동사 能과 会의 비교

능원동사란 동사를 보조하여 당위, 가능, 희망 등을 나타내는 낱말들을 일컫는다. "能"과 "会"는 모두 가능의 의미를 나타내는 능원동사이다. 이 둘은 비록 가능의 의미를 전달한다는 점에서는 유사하지만, 다음과 같은 차이가 있다.

"能"은 능력의 보유를 나타낸다.

他很有钱，能买这个房子。

또한, 조건상 혹은 도리상의 허가를 나타낸다.

星期天你能去长城吗？

반면 "会"는 다음에 이어지는 동사의 행위, 동작 등을 학습하여 할 수 있게 되었음을 나타낸다.

姐姐会开车。

또한, 가능성이 있음을 나타낸다.

今天不会下雨。

6 这就의 의미

"这"와 "就"는 별개의 성분이지만, 구어체에서는 같이 결합하여 "지금 바로", "즉시"와 같이 한 단어처럼 쓰인다. 즉, 본문의 "我这就去问问他"는 "내가 지금 바로 그에게 물어볼게요."라는 뜻이 된다.

我这就去安排一下。

1_ 다음 단어를 바꾸어서 연습해 보세요.

(1) **现在走路,** **腰能直** 起来了。

星期六开始	他能坐
刚到秋天	天气就冷
听他解释以后	我就想

(2) **昨天疼** 得 **不能走路。**

这几天我忙	学不了中文了
他等女朋友等	着急了
洗衣机洗	又干净又快

加 jiā ⑧ 더하다
空调 kōngtiáo
⑲ 에어컨

(3) 如果 **病** 得 厉害, 还 可以 **看急诊。**

冷	加点儿衣服穿
累	睡一觉
热	开空调

2_ 다음 보기에서 알맞은 단어를 찾아 빈칸에 써보세요.

보기 还是　就是　就　过　附近　再　怎么

A: 请问，这＿＿＿＿＿＿有药店吗？

B: 有，＿＿＿＿＿＿在那儿。

A: ＿＿＿＿＿＿走？

B: 往前走，＿＿＿＿＿＿往右拐，不远＿＿＿＿＿＿。

A: 在路这边＿＿＿＿＿＿路那边？

B: 路这边，别＿＿＿＿＿＿马路。

3_ 다음 문장의 잘못된 곳을 찾아 바르게 고쳐보세요.

   (1) 他最近病都好了，会喝酒了。

   → ____

   (2) 我已经没上班三天了。

   → ____

   (3) 我今天没有时间，不会陪你去。

   → ____

   (4) 我来中国来了一个月了。

   → ____

   (5) 他学汉语了两年。

   → ____

4_ 다음 우리말을 중국어로 옮기세요.

   (1) 오늘은 많이 좋아졌습니다.

   → ____

   (2) 침 맞고 뜸을 한 뒤로 시간이 많이 흘렀는데도 다시 아프지 않았습니다.

   → ____

   (3) 나는 어느 병원에 가는 것이 좋은지 모릅니다.

   → ____

(4) 저와 동반해 주실 수 있나요?

→ ______________________________

(5) 아직 생각한 적이 없습니다.

→ ______________________________

5 다음 단문을 읽고 물음에 답하세요. ⊙ 15

> 　上星期六金哲秀和朴东和去长城玩儿了。长城上风有点儿凉，回来以后，朴东和的腰就疼起来了。张先生让他去医院看看中医。张先生说中医治腰疼，可以针灸，也可以按摩。朴东和还没去过北京的医院，他不知道挂号难不难，要不要预约。张先生告诉他，如果病得厉害，可以看急诊。朴东和想请张先生陪他一起去。

(1) 朴东和的腰是什么时候开始疼起来的？

→ ______________________________

(2) 张先生让朴东和去看中医还是西医？ → ______________________________

(3) 中医治腰疼有哪些方法？ → ______________________________

(4) 什么时候可以看急诊？ → ______________________________

厉 lì	一 厂 厂 厉 厉	厉	厉	厉	厉	厉		
害 hài	丶 丷 宀 宀 宀 宝 害 害 害	害	害	害	害	害		
针 zhēn	丿 𠂉 𠂆 钅 钅 针 针	针	针	针	针	针		
灸 jiǔ	丿 ク 久 久 灸 灸 灸	灸	灸	灸	灸	灸		
按 àn	一 十 扌 扩 扩 护 护 按 按	按	按	按	按	按		
摩 mó	丶 亠 广 广 广 广 庐 庐 麻 麻 麻 摩 摩 摩	摩	摩	摩	摩	摩		
挂 guà	一 十 扌 扩 护 挂 挂 挂	挂	挂	挂	挂	挂		
预 yù	一 丂 马 子 予 予 预 预 预 预	预	预	预	预	预		
约 yuē	丿 幺 纟 纟 约 约	约	约	约	约	约		
诊 zhěn	丶 讠 讠 诊 诊 诊 诊	诊	诊	诊	诊	诊		

4 锻炼身体。

Duànliàn shēntǐ.

한국어와 발상이 동일한 단어·숙어 ④ : 看家狗 kānjiāgǒu

개에 대한 이미지는 중국과 한국에서 거의 흡사합니다. 좋은 의미로든 나쁜 의미로든 숙어나 성어에 두루두루 등장하고, 그만큼 친숙한 동물이 바로 개입니다.

도둑을 예방하기 위하여 키우던 개를 우리들이 흔히 "집 지키는 개"라고 하듯이 중국 사람들도 그런 개를 "看家狗"라고 합니다. 이때 "看"의 발음이 중국어 학습자라면 누구나 알고 있는 kàn이 아니라 kān이라는 점에 주의해야 합니다. 동사 "看"은 "눈으로 보다"는 뜻일 때는 4성이지만, 무엇을 "지키다"는 뜻일 때는 1성으로 읽어야 하기 때문입니다. 그래서 죄수를 지키는 간수 역시 "看守kànshǒu"가 아니라 "看守kānshǒu"로 발음해야 한답니다. 기초 단어에도 이런 맹점이 있다는 사실을 기억하시기 바랍니다.

예 看到一个陌生人走来，我们家的看家狗大叫起来。

낯선 사람이 다가오는 것을 보고 우리 집 개가 큰소리로 짖기 시작했다.

 16

在办公室里

金哲秀	东和，你腰疼好点儿了吗？
朴东和	好多了，针灸以后，不怎么疼了。
金哲秀	看来，你的身体不如我好，你需要经常锻炼。
朴东和	是，我的身体比你差远了。来北京以后， 病了好几次了。 你是怎么锻炼的？

NEW WORDS

锻炼 duànliàn （동） 단련하다. 수련하다 　　不如 bùrú （동） …보다 못하다

需要 xūyào （동） 필요하다 　　经常 jīngcháng （부） 종종. 자주

 17

金哲秀　我早上起床以后，先去跑步，跑完步，

再打一会儿太极拳。

朴东和　你是以前就会还是来北京以后学的？

金哲秀　是来北京以后学的。"日坛公园"那儿有老师教。

朴东和　学的人多吗？

金哲秀　多。每天早上都有很多人，有学太极拳的，

也有学气功的。

我在那儿还认识了

不少中国朋友呢。

早上 zǎoshang 명 아침　　　　　跑步 pǎo∥pù 동 뛰다. 구보하다

起床 qǐ∥chuáng 동 일어나다. 기상하다　　　　一会儿 yíhuìr 수량 잠시. 잠깐

太极拳 Tàijíquán 명 태극권　　　气功 qìgōng 명 기공

日坛公园 Rìtán Gōngyuán [지명] 르으탄 공원. 명청(明淸)대 중국 황제들이 태양을 제사지내던 곳, 현재 베이징 조양문(朝陽門) 바깥에 위치하고 있다.

18

朴东和	所以你的身体这么好。除了体育活动，你还喜欢哪些活动？
金哲秀	我喜欢看京剧。你看过京剧吗？
朴东和	没看过。我怕听不懂。
金哲秀	听不懂，没关系。有的京剧里武打很多，谁都看得懂。

NEW WORDS

体育 tǐyù 몡 스포츠. 운동

京剧 jīngjù 몡 경극

武打 wǔdǎ 몡 (영화, 드라마 등에서) 무술. 격투(장면)

 19

朴东和　那好，我们找时间去看一次，怎么样？

金哲秀　行，我也正想去看呢。你说，什么时候去好？

朴东和　你看星期六晚上怎么样？如果你没有别的安排，

明天我就去找张先生，让他给我们买票。

金哲秀　那好，买到票以后，你就打电话告诉我。

去以前我开车来找你。

票 piào 몡 표. 티켓

문법해설

1 **不怎么…의 용법**

부정사 "不"와 의문사 "怎么"가 결합된 형태인데, 지금은 마치 하나의 단어처럼 간주되기도 한다. 문장에서는 주로 부사적 용법으로 쓰여, "그다지 …하지 않다"라는 뜻을 나타낸다.

我的房间不怎么大。

今天不怎么热。

2 **열등비교**

A+不如+B[+형용사구(동사구)] 의 문형으로 A가 B만 못하다, 다시 말해서 B가 A보다 낫다는 뜻을 나타낸다. 의미는 A+没有+B+[+형용사구(동사구)] 와 유사하다. 비교의 대상인 A와 B에는 각각 명사(구) 혹은 동사(구)와 같이 동일한 품사나 문형이 오는 경향이 있다.

你的身体不如我好。

我不如她念中文念得流利。

3 **부사 再의 용법**

본문에서 "跑完步，再打一会儿太极拳"은 "달리기를 마치고 나서, 태극권을 잠깐 한다." 여기에서 "再"는 "…하고 나서", "…한 뒤에"의 뜻으로 사용되었다.

我想去了日本，再去韩国。

要先洗手，再吃饭。

4 **正…呢의 용법**

진행과 지속의 표현 양쪽에 다 쓸 수 있다. "在" 및 "正在"의 용법과 기본적으로 유사하기는 하지만 다른 점도 많다. 특히 동사 앞에 "正"을 사용하면 동사의 뒤나 문장 끝에 "着、呢" 혹은 "着呢"를 반드시 덧붙여 주어야 한다는 점에 주의하여야 한다.

我也正想去看呢。

现在正上着课呢。

5 **동사 找**

"找"의 기본뜻은 "찾다", "발견하다"이다.

我找时间去看一次。

因为不景气，找工作也非常难。

또한 "만나려고 찾아가다"는 뜻으로도 자주 쓰인다.

你找我有什么事？

마지막으로 "거스름돈을 거슬러주다"는 뜻이 있는데, 이 의미로 쓰일 때만 두 개의 목적어를 취한다.

找您两块八。

1 다음 단어를 바꾸어서 연습해 보세요.

(1) **针灸以后**, 不怎么 **疼**了。

他病了以后	想吃饭
他今天	想喝酒
快秋天了	热了

不怎么 bù zěnme ㉯ 그다지 ~하지 않다

(2) **你的身体** 不如 **我好**。

他吃得	我多
晚睡晚起	早睡早起
下午上课	上午上课好

(3) 有 **学太极拳** 的, 也有 **学气功** 的。

唱歌	跳舞
去上海	去北京
喝啤酒	喝中国酒

2 다음 보기에서 알맞은 단어를 찾아 빈칸에 써보세요.

보기 **不如 得 便宜 远 打 怕**

(1) 我__________他找不到我。

(2) 那儿的东西贵, 这儿的东西__________。

(3) 我每天早上都__________太极拳。

(4) 房间里的空气__________外边的空气新鲜。

(5) 你的身体比我差__________了。

(6) 他每天忙__________都没时间吃午饭。

3 다음 문장의 잘못된 곳을 찾아 바르게 고쳐보세요.

(1) 我每天起床，先看一会儿报，又吃饭。

→ _________________________________

(2) 除了打太极拳，他会哪些？

→ _________________________________

(3) 老师说的汉语很容易，谁能听得懂。

→ _________________________________

(4) 我让他给买票。

→ _________________________________

(5) 你要找五块我。

→ _________________________________

4 다음 우리말을 중국어로 옮기세요.

(1) 제 중국어 실력은 당신만 못합니다.

→ _________________________________

(2) 그래서 당신 몸이 이렇게 좋군요.

→ _________________________________

(3) 저는 못 알아들을까봐 걱정입니다.

→ _________________________________

(4) 그에게 우리들 표를 사달라고 합시다.

→ _______________________________

(5) 우리 시간을 내서 한 번 보러 갑시다.

→ _______________________________

5 다음 단문을 읽고 물음에 답하세요. 🔘 **20**

朴东和来北京以后, 病了好几次了。最近去长城回来以后, 开始腰疼。朴东和听张先生的话去针灸以后, 腰疼好多了。

朴东和的身体不如金哲秀。金哲秀每天都锻炼身体。他早上起床以后, 先去跑步, 跑完步, 再打一会儿太极拳。除了体育活动, 他还喜欢看京剧。他们想星期六晚上一起去看京剧。

(1) 朴东和来北京以后, 病了几次? → _______________________

(2) 朴东和的身体好还是金哲秀的身体好? → _______________________

(3) 金哲秀都喜欢哪些体育活动? → _______________________

(4) 金哲秀只喜欢体育活动吗? → _______________________

锻 duàn	ノ ノ ヒ ヒ 钅 钅 钅 钅 钅 钅 钅 钶 锻 锻 锻
	锻　锻　锻　锻　锻

炼 liàn	丶 丶 丷 少 火 火 灯 炼 炼 炼
	炼　炼　炼　炼　炼

需 xū	一 厂 戸 币 币 币 雨 雨 雨 雷 雷 需 需 需
	需　需　需　需　需

经 jīng	乙 乡 纟 纟 纟 经 经 经 经
	经　经　经　经　经

功 gōng	一 T 工 巧 功
	功　功　功　功　功

体 tǐ	ノ イ 亻 什 什 付 休 体
	体　体　体　体　体

京 jīng	丶 亠 宀 亩 古 亨 京 京
	京　京　京　京　京

剧 jù	一 コ ユ 尸 尺 居 居 居 剧 剧
	剧　剧　剧　剧　剧

武 wǔ	一 二 千 齐 武 武 武
	武　武　武　武　武

票 piào	一 厂 厂 厂 西 西 西 覀 票 票 票
	票　票　票　票　票

快请入席吧！
请我们的寿星坐上位！
祝您福如东海，寿比南山！
祝您老当益壮，越活越年轻！
祝您身体健康，活他个一百岁！

5 去看京剧。

Qù kàn jīngjù.

CHECK-up POINT

1_ 특수한 형태의 정반의문문
2_ 방향보어 上
3_ 결과보어 到
4_ 주술구+的
5_ 이중부정문
6_ 감탄문
7_ 都…了
8_ 周到

WARMING-UP

한국어와 발상이 동일한 단어·숙어 ⑤ : 走后门 zǒu hòumén

한국에서도 잊을만하면 일부 대학의 편입학 부정이 발각되어 큰 사회문제로 비화되곤 합니다만, 중국 역시 대학 입학 등에서 많은 부정이 발생합니다. 신문이나 방송에 보도되는 케이스는 빙산의 일각일 뿐이라고 필자의 중국인 친구가 이야기해주던 기억이 나는군요.

그때마다 "走后门"이란 말이 중국의 신문지상을 뒤덮는데, 이 말은 공교롭게도 한국어의 "뒷문으로 들어가다"와 완전히 동일한 발상에서 나온 표현이라고 하겠습니다. 여러가지 이유로 인하여 떳떳하게 대학의 정문으로 들어가지 못하는 학생들과 학부형들이 뒷문으로라도 대학에 들어가려고 한다는 점에서 "뒷문"에서 느껴지는 부정적인 이미지는 한국어든 중국어든 별 차이가 없나 봅니다.

예 他并不聪明，因此他是以走后门的方式进入哈佛大学的.
그는 그다지 똑똑하지 않기 때문에 뒷문으로 하버드대학에 들어갔다.

21

去看京剧之前

金哲秀　你准备好了没有？我们早一点儿走吧！

朴东和　时间还早呢，你先进来坐一坐，张先生也在这儿。

金哲秀　哦！张先生，您好！您和我们一起去看京剧吗？

张华均　是。朴先生怕看不懂，让我跟你们一起去。

金哲秀　那太好了。我们不懂的地方，您还可以给我们翻译翻译。

NEW WORDS

翻译 fānyì 몡·동 통역(하다), 번역(하다)

◎ **22**

朴东和　我们今天能看上京剧，多亏张先生帮忙，因为星期六的
票一般是很难买到的。

金哲秀　那太谢谢您了！张先生，今天的京剧，叫什么名字？
是武打戏吗？

张华均　没错儿，是《美猴王》！今天我们看的《美猴王》就是有
名的武打戏。戏里的美猴王就是《西游记》里的孙悟空。
在中国，大人、小孩儿没有不知道的。

朴东和　什么？美猴王又叫孙悟空？

张华均　是，人们也叫它孙猴子。

多亏 duōkuī ⑧ …덕택이다, …덕분이다　　**有名** yǒumíng ⑲ 유명하다　　**戏** xì ⑲ 극, 드라마

大人 dàrén ⑲ 어른, 성인　　**猴子** hóuzi ⑲ 원숭이　　**它** tā ㉙ 그것

《**美猴王**》Měihóuwáng 서유기의 주인공인 손오공(孙悟空 Sūn Wùkōng)의 다른 이름

《**西游记**》Xīyóujì 서유기, 중국 명(明)대 오승은(吴承恩)이 지은 장편 장회소설

23

朴东和	三个名字都是它，太有意思了。
金哲秀	你不知道，戏里的唐僧、猪八戒、沙和尚也不是只有一个名字。
张华均	对，唐僧原来是唐玄奘，沙和尚，人们也叫他沙僧。
金哲秀	对了，今天晚上的戏，几点开演？在什么地方？
张华均	七点半，在东安市场旁边的吉祥戏院。
朴东和	不早了，都六点四十五了，我们走吧。
金哲秀	好，走吧。

NEW WORDS

有意思 yǒu yìsi ⒣ 재미있다　　　　**意思** yìsi ⒨ 뜻, 의미　　**原来** yuánlái ⒨ 원래

开演 kāiyǎn ⒟ (연극, 영화 등이) 개막하다　　**唐僧** Táng sēng 삼장법사 현장을 지칭하는 말

猪八戒 Zhū Bājiè 저팔계　　　　　　**沙和尚** Shā héshang 사오정, 서유기의 주요 등장인물

唐玄奘 Táng Xuánzàng 당나라의 현장(玄奘). 서유기의 주요 등장인물로, 속성은 진(陳), 이름은
위(禕)이다.　　　　　　　　　　**沙僧** Shā sēng 사오정의 다른 이름.

东安市场 Dōng'ān Shìchǎng 똥안시장　　**吉祥戏院** Jíxiáng Xìyuàn 지시앙극장

朴东和　张先生，您今天穿的衣服真不少啊！

张华均　是，秋天晚上比较凉，我怕回来的时候冷。

朴东和　还是张先生想得周到。我也得做一套西服了。

　　　　张先生，您知道哪儿做西服做得好吗？

张华均　友谊商店做得不错，红都做得也很好。

朴东和　好。

　　　　我先到友谊商店看看，

　　　　那儿离我家比较近。

红都 Hóngdū (맞춤 양복점의 이름) 홍뚜　　周到 zhōudào 형 세심하다, 빈틈없다

西服 xīfú 명 양복　　近 jìn 형 가깝다

1   **특수한 형태의 정반의문문**

긍정과 부정을 나열하여 만드는 의문문을 정반의문문이라고 한다. 그런데 일반적인 정반의문문의 문형과는 달리 문장 끝에 단순히 부정사 "不"나 "没有"를 덧붙임으로써 만들어지는 의문문이 있다. 이런 유형은 주로 구어체에서 사용되며, 비교적 단순한 질문에 자주 쓰인다.

你准备好了没有?

衣服干了没有?

2   **방향보어 上**

"上"은 동작이나 움직임이 낮은 장소에서 높은 장소로 향함을 나타내는 방향보어이다. 그러나 추상적인 동작에 쓰이면 다양한 의미를 가진다. 본문에서는 "좀처럼 달성하지 못하는 어떤 목적이나 목표에 도달하였음"을 나타낸다.

我们今天终于能看上京剧了。

老李当上了科长。

3   **결과보어 到**

기본적으로 "到"는 동작이 목적이나 목표에 도달하였음을 나타낸다.

星期六的票一般是很难买到的。

동작이 언제까지 지속되었는지를 나타내기도 한다.

上午10点我跟她见了面，一直谈到下午5点。

상황이나 사정이 어느 정도까지 발전 혹은 변화하였는지를 나타낸다.

事情已经闹到不可收拾的程度了。

4 주술구+的

주술구가 명사를 수식하는 한정어로 쓰이면, 뒤에 "的"를 붙여야 한다.

今天我们看的《美猴王》就是有名的武打戏。

我认识的王老师是女老师。

5 이중부정문

중국어의 이중부정문은 단순히 강하게 긍정하거나 부정한다는 의미를 넘어서 화자의 감정적인 속마음이 강하게 드러나는 특징이 있다.

他不是不努力，只是学习方法不好而已。 [동정적인 감정]

6 감탄문

중국어에서는 흔히 太/真 +형용사 의 형태로 감탄의 뜻을 나타낸다.

您今天穿的衣服真不少啊！

这儿的风景真美！

7 都…了

"벌써 …이다"라는 뜻으로 본문의 "都六点四十五了"처럼 중간에 오는 내용의 정도를 강조한다.

他都七十岁了。

8 周到

우리나라의 중한사전에는 "周到"를 대부분 "주도면밀하다", "빈틈이 없다"로 풀이하고 있는데, 중국어의 "周到"에는 우리말의 "주도면밀하다"에서 느껴지는 왠지 음모와 관련되어 있는듯한 어두운 부분이 없다. 오히려 밝고 좋은 측면이 더 강하다.

我们给大家提供周到的服务。

1 다음 단어를 바꾸어서 연습해 보세요.

(1) 今天能看上京剧,　　　　多亏　张先生帮忙。

> 今天能吃上这么好吃的饺子　　你陪我来这家饭馆
> 我能骑上这么好的自行车　　　你
> 今天能做完这么多工作　　　　李小姐的帮忙

(2) 在中国大人、小孩儿　没有　不　知道的。

> 这个饭馆的菜我　　喜欢吃的
> 孩子们　　　　　　喜欢玩儿的
> 上星期我　　　　　忙的时候

(3) 戏里的沙和尚　也　不是　只有　一个名字。

> 这次考试　　你一个人考得不好
> 饭馆里　　　你一个人
> 你　　　　　一个朋友

2 다음 보기에서 알맞은 단어를 찾아 빈칸에 써보세요.

보기　演　好　几　开　多少　给　完

A: 请问，今天晚上＿＿＿＿＿＿什么戏？
B: 《美猴王》。
A: 是武打戏吗？
B: 是。
A: 几点＿＿＿＿＿＿演？
B: 七点半。
A: 还有票吗？
B: 有。要＿＿＿＿＿＿排的？

A: 楼下五排的。

B: 五排的卖____________了，六排的可以吗？

A: 可以，要中间的。

B: 您要几张？

A: 要两张。一张____________钱？

B: 五块，两张十块。

A: 这是十块，____________你钱。

B: 好。这是两张票，请拿____________。

排 pái 명 줄, 열
中间 zhōngjiān 명 중간, 한가운데

3 다음 문장의 잘못된 곳을 찾아 바르게 고쳐보세요.

(1) 阿姨，我的房间昨天打扫没有？

→ ____________________________

(2) 今天我们看京剧就是《美猴王》。

→ ____________________________

(3) 今天天气很热啊！

→ ____________________________

(4) 《美猴王》是有名武打戏。

→ ____________________________

(5) 因为没买到票，今天的戏没看不上。

→ ____________________________

4 다음 우리말을 중국어로 옮기세요.

(1) 토요일 표는 일반적으로 사기 힘듭니다.

→ ____________________________

(2) 벌써 6시 15분이나 되었네요.

→ _______________________________

(3) 돌아올 때 추울까봐, 옷을 많이 입었습니다.

→ _______________________________

(4) 어디가 양복을 잘 만드는지 아십니까?

→ _______________________________

(5) 역시 장 선생님이 사려가 깊으십니다.

→ _______________________________

5_ 다음 단문을 읽고 물음에 답하세요.  25

> 星期六晚上，去吉祥戏院看京剧了。戏的名字叫《美猴王》，是武打戏。我们都喜欢看，可是星期六晚上的票不好买，所以请张先生帮忙了。多亏张先生去得早，他买到了票，座位还不错呢。两张票都是五排的，二号和四号。演出时有英文字幕，所以不难懂。戏是七点半开演的，大概演了两个小时，十点我们就回到家了。

(1) 星期六晚上, 他们做了什么？ → _______________________

(2) 是谁帮他们买的票？ → _______________________

(3) 戏演了多长时间？ → _______________________

(4) 他们几点回到家？ → _______________________

座位 zuòwèi 명 자리, 좌석
字幕 zìmù 명 자막

亏 kuī	一 二 亏
戏 xì	フ 又 𝖷 戏 戏 戏
它 tā	丶 宀 宀 它 它
猴 hóu	丿 ㇂ 犭 犭 犳 犷 猝 猴 猴 猴 猴 猴
记 jì	丶 讠 记 记
思 sī	丨 冂 日 囚 田 田 思 思 思
原 yuán	一 厂 厂 厈 尿 历 盾 原 原 原
演 yǎn	丶 氵 汃 汴 汸 洁 浩 渲 渲 演 演 演
戒 jiè	一 二 ヲ 戈 戒 戒 戒
红 hóng	乡 纟 纟 红 红 红

1 **又와 再의 비교**

	공통점	차이점
又	동작 혹은 상황의 중복을 표현(부사어)	과거에 이미 중복된 동작 혹은 상황
再		미래에 중복이 예상되는 동작 혹은 상황

2 **구조조사 "得"가 필요하지 않는 정도보어**

어순 | 형용사(심리동사)+보어+了

보어의 위치에 올 수 있느 어휘 : 极, 死, 多, 透 등
干净多了。

3 **결과보어 着zháo** 동작의 목적이 달성되었음을 나타낸다.
电影票终于买着了。

4 **동사+着+형용사** 동사의 동작을 시행한 결과를 "형용사"로 표현하는 문형.
坐着还很舒服。

5 **是…的 구문** 동작이 행해진 시간, 장소, 방법, 목적, 조건 등을 특별히 강조하는 구문.

❶ 是는 긍정문에서는 생략할 수 있지만, 부정문에서는 생략할 수 없다.

긍정문　　我(是)坐车来的。
부정문　　我不是坐车来的。

❷ 的의 위치

A : 동사가 목적어를 동반하는 경우 : 목적어 앞이나 문장 끝에 모두 올 수 있다.
我们是昨天晚上看电影的。
我们是昨天晚上看的电影。

B : 목적어가 인칭대명사인 경우: 문미에 위치
我是上星期六看见他的。

6 **시량보어와 어기조사 了**

❶ 목적어가 존재하지 않는 경우 : 시량보어를 동사 뒤에 두어야 한다.
我在中国住了两年。

❷ 목적어가 존재하거나 동사가 이합사인 경우 : 동사를 반복해야 한다.

我们上班上了十个小时。

❸ 목적어가 인칭대명사인 경우 : 시량보어는 목적어 뒤에 두어야 한다.

我找了你一个小时。

❹ "了₁" 및 "了₂"와 함께 쓰이는 경우 : 동사의 동작이 여전히 진행중임을 표시한다.

我疼了两天。(지금은 아프지 않음)

我疼了两天了。(지금도 계속 아픔)

❺ 지속의 의미를 가질 수 없는 동사 뒤의 시량보어 : 동작이 발생한 시점부터 특정한 시점까지 걸린 전체 기간을 나타낸다.

他去中国一个月了。

7 능원동사 能과 会

❶ 能

　A : 능력의 보유

　　他很有钱, 能买这个房子。

　B : 조건상 혹은 도리상의 허가

　　星期天你能去长城吗?

❷ 会

　A : 학습을 통하여 획득한 기능

　　姐姐会开车。

　B : 가능성

　　今天不会下雨。

8 복합방향보어 起来의 용법

❶ 사물을 낮은 상태에서 높은 상태로 올려주는 동작

你把头抬起来。

❶ 구체적인 동작이나 상황의 시작

星期天腰就疼起来了。

❸ 파생의미(동작의 완성, 집중, 목적의 달성 등)의 표현

你把精神集中起来。

④ "…해 보다"는 뜻
看起来要下雨。

9 **열등비교**　A+不如+B[+형용사구(동사구)] 의 문형으로 A가 B만 못하다는 뜻을
나타내며, 의미적으로　A+没有+B+[+형용사구(동사구)　와 유사하다.
你的身体不如我好。

10 **방향보어 上**

❶ 본 의미 : 움직임이 낮은 장소에서 높은 장소로 향함을 나타낸다.

❷ 파생된 의미 : 좀처럼 달성하지 못하는 어떤 목적이나 목표에 도달하였음을 표현한다.
我们今天终于能看上京剧了。

11 **결과보어 到**

❶ 목적이나 목표에 도달하였음을 나타낸다.
星期六的票一般是很难买到的。

❷ 동작이 언제까지 지속되었는지를 나타낸다.
上午10点我跟她见了面，一直谈到下午5点。

❸ 상황이나 사정이 어느 정도까지 발전 혹은 변화하였는지를 나타낸다.
事情已经闹到不可收拾的程度了。

12 **주술구+的**　명사의 수식어로 쓰이는 주술구
今天我们看的《美猴王》就是有名的武打戏。

13 **太/真+형용사**　감탄문의 일종
您今天穿的衣服真不少啊！

양복 한 벌을 맞추다.

做一套西服。
Zuò yí tào xīfú.

WARMING-UP

재미있는 중국어 표현 ① : 半瓶醋 bànpíngcù

"半瓶子醋" 혹은 "半瓶子"라고도 합니다. "一瓶醋不响, 半瓶醋晃荡"(병 가득 든 식초는 아무리 흔들어도 소리가 나지 않지만, 절반만 찬 식초병은 흔들면 출렁출렁 요란하다)란 관용구에서 유래한 숙어로, 지금은 "대충 아는 지식을 전문가인양 떠들고 다니는 사람"을 뜻하게 되었습니다. 한국 속담의 "빈 깡통이 요란하다"와 일맥상통 하는 면이 있다고 하겠습니다. 가끔 "식초(醋)" 대신 "물(水)"을 사용하여 "半桶水 bàn tǒng shuǐ"라고도 합니다.

예 他跟师傅学了好多年, 还是个半瓶醋的木匠。
그는 스승으로부터 몇 년 동안이나 가르침을 받았음에도 불구하고 아직도 엉터리 목수에 불과하다.

26

在西装店里

| 朴东和 | 师傅，我想做一套西服，春秋穿的。 |

| 师　傅 | 您有料子吗？ |

| 朴东和 | 有。这是两米八，您看够吗？ |

| 师　傅 | 差不多。您想做什么样的？ |

| 朴东和 | 我带来一套西服，就做这个样子的，可以吗？ |

NEW WORDS

套 tào 앵 세트로 이루어진 물건, 옷, 기계, 제도, 수단 등을 헤아리는 양사

春秋 chūnqiū 뎽 봄과 가을

米 mǐ 앵 미터(m)

样子 yàngzi 뎽 스타일, 모양, 표정

料子 liàozi 뎽 옷감, 모직물

带 dài 동 (몸에) 지니다, 휴대하다

师　傅　　这套衣服您穿着合适吗？

朴东和　　我觉得上衣有点儿肥，再做要比这件瘦一点儿。

师　傅　　好，我先给您量量尺寸吧。您看上衣这么肥，行不行？

朴东和　　行。

师　傅　　长短呢？跟这件一样长，怎么样？

朴东和　　就这么长吧，我喜欢上衣长一点儿。

合适 héshì ⟨형⟩ 적당하다, 적절하다　　肥 féi ⟨형⟩ 살찌다, (옷, 모자, 신발 등이) 크다, 헐렁하다

瘦 shòu ⟨형⟩ 마르다, 야위다, (옷, 모자, 신발 등이) 작다, 꼭 끼다

量 liáng ⟨동⟩ (길이, 무게 등을) 재다, 측정하다　　　　尺寸 chǐcùn ⟨명⟩ 치수

尺 chǐ ⟨양⟩ 자, 척[1尺=0.3333m]　　　　　　　　　　寸 cùn ⟨양⟩ 촌, 치[1寸=0.3333mm]

上衣 shàngyī ⟨명⟩ 재킷, 상의　　长短 chángduǎn ⟨명⟩ 길이, 장단점　　件 jiàn ⟨양⟩ 옷을 세는 양사

🔘 28

师 傅	裤子呢？我看这条肥瘦差不多，长短也不错。
	要是再短就不好看了，因为您的上衣比较长。
朴东和	好，那就听您的。师傅，什么时候能做好？
	下个月我去天津旅行，还想穿呢。
师 傅	今天是七号，您十四号来试样子。如果问题不大，
	二十号就可以做好了。
朴东和	太好了！师傅，做一套西服，加工费多少钱？现在交钱吗？

NEW WORDS

差不多 chàbuduō ⑱ 대충(그럭저럭) 되다, 큰 차이가 없다	裤子 kùzi ⑲ 바지
条 tiáo ⑳ 길고 가느다란 물건을 세는 양사	肥瘦 féishòu ⑲ (옷의) 크기
短 duǎn ⑱ 짧다　旅行 lǚxíng ⑲·⑧ 여행(하다)	加工费 jiāgōngfèi ⑲ 가공비
费 fèi ⑲ 비용, 요금　交钱 jiāo qián ⑧ 돈을 지불하다	交 jiāo ⑧ 건네다, 지불하다

● 29

师　傅　加工费是二百三十元。现在不用交，

取衣服的时候再给。

朴东和　那好。我带来的这套西服不用放在这儿了吧？

师　傅　不用了。您带上这张单子，试样子、

取衣服的时候都得用。

朴东和　好。谢谢您。再见。

师　傅　再见。

单子 dānzi 몡 명세표, 영수증, (침대 등의) 시트

1 **옷을 헤아리는 양사들**

套 tào 상하의 한 벌로 이루어진 옷을 헤아리는 양사
件 jiàn 주로 윗옷을 헤아리는 양사
条 tiáo 주로 바지를 헤아리는 양사

衣柜里有三件衬衫，一条牛仔裤和一套西装。

2 **상반된 의미의 형용사로 이루어진 합성사(合成词)**

서로 반대되는 두 개의 단음절 형용사(A와 B)로 만들어진 2음절 단어(AB)의 일부는 때로 원래의 단어에서 파생된 제3의 의미를 가지는 경우가 있다.

파생 의미를 가지는 합성사

형용사(A)	의미(A)	형용사(B)	의미(B)	합성사(AB)	파생의(C)
大	크다	小	작다	大小	크기
多	많다	少	적다	多少	조금
轻	가볍다	重	무겁다	轻重	무게
长	길다	短	짧다	长短	길이
好	좋다	坏	나쁘다	好坏	어쨌든
肥	살찌다	瘦	여위다	肥瘦	(옷의) 크기

我看这条肥瘦差不多。

这双鞋我穿着大小正合适。

3 　再…就…의 용법

가정문에서 "再"는 "就" 혹은 "都"와 함께 쓰여서 "더 이상 …한다면"이라는 뜻을 나타낸다. 이때 가정을 뜻하는 접속사(如果, 要是 등)는 사용할 수도 있고, 생략할 수도 있다.

要是再短就不好看了。

你再推辞，大伙儿就生气了。

4 　好의 파생 용법

"好"는 동사의 앞에서 모습, 형태, 소리, 맛, 느낌 등이 훌륭함을 나타낸다.

要是再短就不好看了。

这支新买的钢笔特别好用。

5 　능원동사 得děi

능원동사 "得"는 주로 구어체에서 많이 사용되며, "得"는 일을 하겠다는 의지와 사실상의 당위성을 나타낸다. 그리고 "得"의 부정형식은 "不用" 혹은 "不要"이며, "不得"라고 하지는 않는다.

我得谢谢你。

妈妈的病得去医院看看。

1_ 다음 단어를 바꾸어서 연습해 보세요.

(1) 我 想 做 **一套西服,** **春秋** 穿的。

一套衣服　　　旅游

一件大一点儿的上衣　　冬天

一条短一点儿的裤子　　夏天

(2) 再 **做** 要 比 **这个瘦** 点儿。

来　　　今天早

买　　　今天买得多

写　　　这个写得大

(3) 再 **短** 就 **不好看了。**

多　　　拿不了了

远　　　得开车去了

不来　　不等他了

2_ 다음 보기에서 알맞은 단어를 찾아 빈칸에 써보세요.

보기 　以后　单子　交　再　取走　取　着

A: 师傅，我来＿＿＿＿＿＿我的西服，不知道好了没有。

B: 您的＿＿＿＿＿＿呢？

A: 在这儿。

B: 单子上写＿＿＿＿＿＿20 号取，今天刚 18 号啊。

A: 是这样，明天我要去旅行，两个星期＿＿＿＿＿＿回来，

所以今天我来看看。要是没好，我就等旅行回来＿＿＿＿＿＿取。

B: 我给你看看。

A: 谢谢。

B: 您的衣服已经做好了，您可以 ____________ 了。

A: 太好了。

B: 请您到那边 ____________ 一下钱。

A: 好的。

3 다음 문장의 잘못된 곳을 찾아 바르게 고쳐보세요.

(1) 我想买一件大衣，冬天穿了。

→ ________________________________

(2) 我希望工作有点儿忙。

→ ________________________________

(3) 这件裤子太肥了。

→ ________________________________

(4) 要是又短就不好看了。

→ ________________________________

(5) 下个月我回去韩国。

→ ________________________________

4 다음 우리말을 중국어로 옮기세요.

(1) 당신이 보기에 충분한가요?

→ ________________________________

(2) 저는 웃옷은 좀 긴 것이 좋습니다.

   → __________________________________

(3) 그럼 당신 말대로 하겠습니다.

   → __________________________________

(4) 옷을 찾을 때 이 명세서가 있어야 합니다.

   → __________________________________

(5) 이 옷은 당신이 입어서 딱 맞나요?

   → __________________________________

5 다음 단문을 읽고 물음에 답하세요. 🔘 30

> 　　今天我去友谊商店做衣服，我去的时候，那儿没有什么人。
> 很快，师傅就给我量尺寸了。我做的是一套春秋穿的西服，
> 料子是我自己带去的。我喜欢上衣长一点儿，裤子瘦一点
> 儿。师傅给我量好了尺寸，让我一个星期以后去试样子，试
> 样子以后再过一个星期去取。我想去天津旅行的时候穿，大概没问题。

(1) 他今天去做衣服的时候，商店里有没有其他客人呢？

   → __________________________________

(2) 他要做什么时候穿的西服呢？ → __________________________________

(3) 他喜欢裤子的样子怎么样？ → __________________________________

(4) 新做的西服他想什么时候穿？ → __________________________________

料 liào	一 十 才 禾 米 米 料 料 料	料 料 料 料 料
带 dài	一 十 卅 芦 芇 带 带 带	带 带 带 带 带
适 shì	丶 亠 舌 舌 舌 话 话 适	适 适 适 适 适
肥 féi	丿 刀 月 肌 肥 肥 肥	肥 肥 肥 肥 肥
瘦 shòu	丶 广 广 疒 疒 疒 疒 疸 瘦 瘦	瘦 瘦 瘦 瘦 瘦
量 liáng	丶 口 日 日 旦 昌 昌 昌 昌 量 量 量	量 量 量 量 量
尺 chǐ	丿 尸 尸 尺	尺 尺 尺 尺 尺
寸 cùn	一 十 寸	寸 寸 寸 寸 寸
费 fèi	一 二 弓 弔 弗 弗 费 费	费 费 费 费 费
单 dān	丶 丷 丷 宀 畄 畄 旦 单	单 单 单 单 单

❶ 马大哈 덜렁이, 부주의한 사람

你可真是个马大哈。
너는 정말 덜렁이야.

❷ 说话不算数 말만 하고 지키지 않다.

你怎么说话不算数。
너는 왜 말말 하고 실천하지 않는 거야?

❸ 好说歹说 이런 저런 말로 설득하다.

我好说歹说，劝他跟我去。
내가 이런 저런 말로 함께 가자고 그를 설득하는데.

❹ 说不到一块儿 말이 통하지 않다

我们俩说不到一块儿去。
우리 둘은 말이 통하지 않아.

❺ 底子薄 기초다 약하다, 기반이 튼튼하지 않다

她英语底子薄。
그녀는 영어 기초가 튼튼하지 않아.

❻ 打包票 보증하다, 장담하다

谁敢打保票呀？
누가 감히 장담할 수 있는가?

❼ 一百个 전부 백퍼센트

你就一百个放心吧。
너 백퍼센트 안심해도 돼.

❽ 站不住脚 설득력이 없다. 통하지 않다.

这个理由可站不住脚。
이 이유는 설득력이 없다.

7

今天就寄走。

Jīntiān jiù jì zǒu.

CHECK-up POINT

1_ 越来越…

2_ 说不定…

3_ 동작의 진행을 나타내는 在

4_ 주어의 성분

5_ 범위를 한정하는 就의 용법

6_ 把자문(把字句)

7_ 别忘了

WARMING-UP ◉ 13

재미있는 중국어 표현 ② : 省油灯 shěngyóudēng

기름이 귀하던 시절, 밤을 밝히는 등잔은 중국인에게 없어서는 안 되는 생활필수품이면서 동시에 비싼 기름을 잡아먹는 근심거리였습니다. 만약 같은 양의 기름으로 더 오래 어둠을 밝혀주는 등잔이 있다면 얼마나 애지중지했을까요? 그래서 "기름을 덜 먹는 등잔"이란 게 발명되었겠지요.

최근 중국의 유적지 등에서 발견되는 "省油灯"을 보면, 기름을 넣는 몸체 부분을 도자기로 만들어 금속제 등잔보다 열전도율을 낮추었고, 기름통에는 물을 주입하는 작은 구멍을 뚫어서 등불의 열기를 차단하면서 또한 그 열로 인하여 발생하는 기름의 증발을 최대한 억제하도록 세밀하게 만들어졌음을 알 수 있습니다.

전기가 절약형 등잔을 대신하게 된 지금도 이 말은 살아남았지만, 이제는 등잔이 아니라 "얌전한 사람", "말썽을 일으키지 않는 조용한 사람"을 뜻하게 되었습니다. 그렇지만 긍정문보다는 주로 부정문에 많이 쓰인다는 점은 기억하도록 합시다.

예 我们班的同学都不是省油的灯。

우리 반 친구들은 모두 한 가락씩 하는 녀석들이야.

31

在朴东和的家里

金哲秀　你今天上午去哪儿了？

朴东和　我去友谊商店做衣服了。

金哲秀　哦，昨天说的，今天就去做了，你可真快呀！

朴东和　是啊，天气越来越冷了。我来北京时，带的都是夏天的
衣服，比较薄，不做一套厚一点儿的，说不定又把我冻
感冒了。

金哲秀　你是应该多注意。我也想做西服，
如果你做的衣服穿着合适，
我也去那儿做。

朴东和　好。

NEW WORDS

越来越 yuèláiyuè 더욱 더, 점점 더	**薄** báo ⑱ 얇다	**厚** hòu ⑱ 두껍다
把 bǎ ㉠ 목적어를 동사 앞으로 이끌어 냄	**冻** dòng ⑧ 얼다, 춥다, 시리다	

🔵 **32**

金哲秀　对了，你在写什么？我来，是不是打扰你了？

朴东和　哪里，我在写信，快写好了，就剩写几个信封了。

金哲秀　哦，你在写信，今天就要寄走吗？

朴东和　是。你稍等一下，我把信封写好了，咱们就一起去邮局，好吗？

金哲秀　好。你慢慢儿写，我在这儿看一会儿报纸。

信 xìn 몡 편지	**剩** shèng 동 남다	**信封** xìnfēng 몡 편지봉투
寄 jì 동 (편지, 소포 등을) 부치다	**稍** shāo 児 약간, 조금	
封 fēng 양 편지를 헤아리는 양사, 봉투		**邮局** yóujú 몡 우체국

朴东和	书架上还有杂志，都是新来的。
金哲秀	好，你写你的吧。
朴东和	我写好了，咱们走吧。
金哲秀	哦，你一次就写这么多信！
朴东和	不多。有很多该写的还没写呢。

NEW WORDS

书架 shūjià 몡 책장		杂志 zázhì 몡 잡지

金哲秀	你常给家里写信吗？
朴东和	差不多两个星期写一封。你呢？
金哲秀	我不常写信，我常给家里打电话。
朴东和	打电话方便是方便，可是很贵。
金哲秀	哦，五点多了，我们快走吧，晚了，邮局就关门了。
	还有，别忘了带上笔，可能用得着。
朴东和	好，还是你想得周到。

| 关门 guān//mén 〈动〉 문을 닫다 | 门 mén 〈명〉 문 | 笔 bǐ 〈명〉 펜, 필기구 |

문법해설

1 越来越…

"越来越"는 이미 정도가 높음을 의미하기 때문에 정도부사 앞에 놓여 다시 술어를 수식할 수 없다.

我越来越喜欢他。(○) / 我越来越更喜欢他。(×)

"점점 …하다"라는 뜻으로, 시간의 흐름에 따라 정도가 높아짐을 나타낸다.

他父亲的病越来越重了。

2 说不定…

문장 앞에 쓰여 "혹시 …일지도 모른다"는 뜻으로, 문법적으로는 부사로 취급한다.

说不定他还暗恋你呢。

暗恋 ànliàn ⑧ 상대방이 모르게 좋아하다

3 동작의 진행을 나타내는 在

"在"는 주로 동사의 앞에 쓰여서 동작의 진행, 즉 움직임이 있음을 나타낸다. 또한 在 +동사+着+…+呢 문형으로 쓰이기도 하지만, "在"가 단독으로 쓰일 때보다는 동작성이 덜 느껴지는 특징이 있다.

你在写什么？

体育馆里有几个女生在打篮球。

你在期待着什么呢？是爱情还是友情？

4 주어의 성분

주어의 자리에는 명사, 대명사, 수량사, 형용사(구), 동사(구) 등이 올 수 있다. 또한 비록 드물기는 하지만 본문에서와 같이 "주술구", 다시 말해서 주어+술어 문형 역시 주어가 될 수 있다.

我来是不是打扰你了？

他说话办事都很圆滑，句句都说到人的心坎上。

圆滑 yuánhuá 휑 (일처리가) 매끄럽다, (성격이) 원만하다

5 범위를 한정하는 就의 용법

"오직 …뿐", "…밖에 없다"는 뜻을 나타낸다.

就剩写几个信封了。

这次聚会都参加了，就你一个人没去。

6 把 자문(把字句)

"把"자문(把字句)의 기본 형식은 주어+把+목적어+동사+기타 성분 어순으로 특정한 사물(사람)에 대하여 어떠한 처치를 하였거나 영향을 주었음을 나타낼 때 "把"자문을 사용한다. 이때 술어동사와 "把"의 목적어 사이에는 의미적으로 동사와 목적어 관계가 성립하며, "把"의 목적어 자리에는 반드시 특정한 성분 혹은 이미 알려져 있는 어떤 사실(사항)이 와야 한다. 그리고 동사 뒤에 반드시 "了、着", 동사의 중첩형, 동사의 목적어, 보어 등의 기타성분을 두어 동작이 만들어낸 결과 또는 영향을 설명하여야만 문장이 성립할 수 있다.

我把信封都写好了。

请把桌子擦一擦。

또한 부정부사 "没有"나 능원동사는 동사 앞이 아니라 "把" 앞에 두어야 한다.

我没把照片带来。

你一定要把这碗饭吃掉。

7 别忘了

금지를 나타내는 "别…了" 문형에서 파생된 표현으로, 주로 상대방의 주의를 환기하거나 경고의 느낌을 전달하고자 할 때 쓰이며, "忘"을 다른 것보다 좀더 강하고 길게 발음하는 경향이 있다.

别忘了你也是我们的同班同学。

1_ 다음 단어를 바꾸어서 연습해 보세요.

(1) <u>天气</u> 越来越 <u>冷</u> 了。

在北京生活	习惯
说中文的机会	多
我觉得学习中文	有意思

(2) 不 <u>做一套厚一点儿的</u>，说不定 <u>又把我冻感冒了</u>。

快点走	又晚了
今天去买	明天没有了
给你打电话	你就不来了

(3) 我 把 <u>信封写好了</u>，咱们 就 一起 去 <u>邮局</u>。

中文学好了	中国旅游
这个工作做完了	吃晚饭吧
新做的西服取来了	参加宴会吧

2_ 다음 보기에서 알맞은 단어를 찾아 빈칸에 써보세요.

보기 又　再　不　没

(1) 昨天我 ＿＿＿＿＿＿ 去商店，我去书店了。

(2) 我明天 ＿＿＿＿＿＿ 去商店，我要去书店。

(3) 昨天你去 ＿＿＿＿＿＿ 去大使馆？

(4) 明天你去 ＿＿＿＿＿＿ 去看她？

(5) 她昨天没有上班，今天 ＿＿＿＿＿＿ 没有上班。

(6) 我昨天已经去了，今天不想 ＿＿＿＿＿＿ 去了。

(7) 姐姐 ＿＿＿＿＿＿ 给了我一件毛衣。

(8) 我觉得一年的时间太短了，我想 ____________ 学一年。

3_ 다음 문장의 잘못된 곳을 찾아 바르게 고쳐보세요.

  (1) 我以前没把天安门看过。

    → ___________________________________

  (2) 请你把一本汉语书给我看看。

    → ___________________________________

  (3) 我把这碗饭能吃完。

    → ___________________________________

  (4) 他今天去上班的时候，没把大衣穿。

    → ___________________________________

  (5) 天气越来越很冷了。

    → ___________________________________

4_ 다음 우리말을 중국어로 옮기세요.

  (1) 만약 당신이 맞춘 옷이 입어서 어울리면, 저도 그 가게에 가서 만들겠습니다.

    → ___________________________________

  (2) 편지는 거의 다 써 갑니다.

    → ___________________________________

  (3) 천천히 쓰세요. 전 여기에서 신문이나 잠시 보고 있겠습니다.

    → ___________________________________

(4) 늦으면, 우체국이 문을 닫습니다.

→ ______________________________________

(5) 집에 편지를 자주 하십니까?

→ ______________________________________

5　다음 단문을 읽고 물음에 답하세요.  35

英姬妹妹:

你好！很长时间没给你写信了，你现在怎么样？身体好吗？工作忙不忙？

来北京以后，我一直忙着工作，没给你写信。夏天，大使馆里很多人休假，剩下的人不多了，可是工作还不少，所以我们很忙。下个月，大家都回来的话，会好一些。

我现在跟一位中国老师学习中文。在中国工作，中文一定要好。你在中国学了好几年汉语，我的中文比你差远了。以后，你得多帮助我。现在，我把我的电话号码写给你，希望你常给我写信或者打电话。我很想你。

希望你学习得更好!

金哲秀

○○○○年○月○日

(1) 现在是什么季节？ → ______________________________

(2) 金哲秀是几月几日给"英姬"写的信？ → ______________________

(3) 金哲秀现在学不学中文？ → ______________________

(4) 金哲秀最近忙不忙？ → ______________________

越 yuè	一 亡 土 耂 耂 走 走 赴 越 越 越 越 越 越 越 越
薄 bó	一 艹 艹 艹 艹 萨 萨 萨 萧 薄 薄 薄 薄 薄 薄 薄 薄 薄 薄
厚 hòu	厂 厂 厚 厚 厚 厚 厚 厚 厚 厚 厚 厚 厚
冻 dòng	、 冫 冫 冯 冻 冻 冻 冻 冻 冻 冻 冻
剩 shèng	一 二 千 乇 禾 禾 乘 乘 乘 乘 剩 剩 剩 剩 剩 剩 剩
封 fēng	一 十 土 圭 圭 封 封 封 封 封 封 封
寄 jì	、 宀 宀 宀 宏 宏 宝 宝 寄 寄 寄 寄 寄 寄 寄 寄
杂 zá	九 九 杂 杂 杂 杂 杂 杂 杂 杂 杂
志 zhì	一 二 士 士 志 志 志 志 志 志 志 志
笔 bǐ	ノ ト ト 竺 竺 笓 笓 笔 笔 笔 笔 笔 笔

다양한 인종과 나라마다 그 문화와 풍습에 따라 각기 선호하는 색과 꺼려하는 색이 있기 마련이다. 중국인들이 가장 좋아하는 색은 红色hóngsè 붉은색이다. 중국에서 붉은색은 喜气xǐqì 기쁨, 运气yùnqì 행운, 吉祥jíxiáng 상서로움 등의 좋은 뜻으로 특별한 날이나 좋은 날 많이 사용하여, 결혼, 경사와 같은 일을 红事hóngshì라고 한다. 대표적인 예로 중국의 설날에는 한국의 세뱃돈에 해당하는 돈을 红包hóngbāo에 넣어 준다. 또한 중국의 전통 결혼식에서 신부는 红衣hóngyī 붉은색 옷을 입고, 红花hónghuā 붉은색 꽃을 머리장식으로 합니다. 붉은색과 관련된 표현으로는 走红zǒuhóng 인기가 오르다, 红利hónglì 보너스 등과 같은 표현도 붉은색에 관련된 것이다.

黄色huángsè 노란색은 고대에는 황제만이 사용할 수 있는 고귀함과 부귀영화를 대표하는 색이었다. 하지만, 현대에는 그 의미가 시대의 변화에 따라 '음탕하다', '저속하다' 라는 부정적인 뜻으로 쓰여, 黄色电影huángsè diànyǐng 음란영화, 黄色小说huángsè xiǎoshuō 음란소설 등과 같은 표현이 생겨났다.

반면에 중국인들이 싫어하는 색은 白色báisè 흰색이다. 중국인들의 의식 속에 흰색은 장례와 관련된 색으로 장례를 白事báishì라고도 하며, 한국에서처럼 결혼식이나 설날에 흰색봉투를 건네는 것은 굉장한 결례가 되니, 주의해야 한다. 흰색과 관련된 표현으로는 白字báizì 오자, 白眼báiyǎn 냉대하며 째려보는 눈 등이 있다. 반면에, 현대에는 서양문화의 유입으로 중국신부들도 순결하고 아름다움의 상징으로 흰 드레스를 즐겨 입는다. 죽음을 나타내는 黑色hēisè 검은색 역시 중국인들이 기피하는 색으로 중국친구의 결혼식이나 생일과 같은 좋은 일에 초대받았다면, 검은색은 입지 않는 것이 좋다. 검은색과 관련된 표현으로는 黑社会hēishèhuì 암흑가, 黑工hēigōng 불법 고용 노동자 등이 있다.

8 在邮局。
Zài yóujú.

CHECK-up POINT

1_ 개사 往
2_ 不…吗 문형의 반어문
3_ 부사어(状语)로 쓰이는 단음절 형용사
4_ 전치사 为了
5_ 어림수(概数)를 표현하는 방법 ①
6_ 부사 恐怕
7_ 동사+不+出

재미있는 중국어 표현 ③ : 打肿脸充胖子 dǎ zhǒng liǎn chōng pàngzi

"자신의 얼굴을 때려서 퉁퉁 붓게 해서라도 뚱보처럼 커다란 얼굴인 척하다"가 원래의 의미인데, 전하여 "스스로의 커다란 손실을 무릅쓰는 한이 있더라도 허세를 부리다"는 뜻으로 쓰이게 되었습니다. 조그만 얼굴이 득세하고 있는 한국에서는 조금 이해하기 힘든 부분이지요?

황제가 중국을 지배하던 시절, 돈과 권력을 가진 사람들은 기름진 음식을 먹어 대부분 뚱뚱했기에 일반 백성은 마른 체구의 고관대작을 좀처럼 보기 힘들었을 겁니다. 그래서 타인에게 뭔가 허세를 부려야 할 때 스스로의 뺨을 때려서 얼굴이나마 크게 만들어서 잘난 척하고 싶었던 거겠지요.

예 他的新家只注重表面工夫，却忽略了本质内容，像是一个打肿脸充胖子的人。
그의 새 집은 겉모습에만 치중하고 본질적인 부분은 소홀히 해서 마치 없는데도 있는 척 허세 부리는 사람처럼 보인다.

 36

在邮局里

| 朴东和 | 小姐，我寄几封信。 |

小姐　好，往哪里寄？

朴东和　往韩国寄。一封信要贴多少钱的邮票？

小姐　先称一下。有一封信超重，所以要再加一块五，

一共九块五毛钱。

朴东和　请问，取包裹或寄包裹也在这儿吗？

小姐　不，在里边最后那个窗口。

朴东和　谢谢。

小姐　不客气。

NEW WORDS

小姐 xiǎojiě 몡 아가씨 　　　贴 tiē 동 붙이다 　　　邮票 yóupiào 몡 우표

称 chēng 동 (무게 등을) 달다, 재다 　　　超重 chāo//zhòng 동 중량이 기준을 초과하다

取 qǔ 동 찾다, 가지다 　　　包裹 bāoguǒ 몡 소포

最后 zuìhòu 몡 마지막, 최후 　　　窗口 chuāngkǒu 몡 창구

金哲秀　东和，你还要取包裹吗？

朴东和　不，我是先问问，以后取包裹或寄包裹不就方便了吗？

金哲秀　你想得真周到。

那边卖邮票，我们过去看看怎么样？

朴东和　你喜欢集邮吗？

金哲秀　是。中国的纪念邮票很漂亮，来中国以后，

我买了好几套了。

集邮 jí//yóu 동 우표를 수집하다　　　　集 jí 동 모으다

纪念邮票 jìniàn yóupiào 동 모으다　　　纪念 jìniàn 명·동 기념(하다)

◎ 38

朴东和　哲秀，你来看，这种纪念邮票是不是新出的？

金哲秀　是，这是为了庆祝教师节发行的。

朴东和　中国的教师节是哪天？

金哲秀　九月十号。

朴东和　哦，就是前天。

　　　　这套邮票很漂亮，我买两套。你买不买？

NEW WORDS

种 zhǒng ⑱ 종류, 가지

庆祝 qìngzhù ⑧ 축하하다

教师节 jiàoshī jié ⑲ 스승의 날

发行 fāxíng ⑧ 발행하다

◎ 39

金哲秀　我已经买了。过几天就是中国的国庆节了，有可能发行新的纪念邮票。这两天你常来这儿看看。你如果见到了，就帮我买两套，好吗？

朴东和　怎么了？你这两天忙吗？

金哲秀　是，恐怕抽不出时间去邮局。我们参赞要离任了，有很多事情需要我帮他办。

国庆节 guóqìng jié （명） 국경일, 중국의 건국기념일
抽 chōu （동） 뽑다

恐怕 kǒngpà （부） 아마도 ～일 것이다
离任 lírèn （동） 이임하다, 직위를 떠나다

문법해설

1   개사 往

"往"은 "…쪽으로, …을 향해"란 뜻으로 방향을 지시하는 전치사이다.

往南走。

이외에 "…쪽으로 …하다"의 뜻을 전달하기도 하는데, 이 경우 문장 구조는 往+형용사+里+동사 형태를 취한다.

什么事都应该往好里想。

2   不…吗 문형의 반어문

긍정의 의미를 강조하면서 화자가 말하는 내용이 틀림없는 사실이라는 느낌을 준다.

以后取包裹或寄包裹不就方便了吗。

昨晚电视里播送的那个恐怖分子不就是他吗？

恐怖分子 kǒngbù fènzǐ 몡 테러리스트

3   부사어(状语)로 쓰이는 단음절 형용사

동사를 수식하는 성분을 부사어(状语)라고 하며, 부사어와 수식을 받는 동사 사이에는 흔히 "地"를 삽입한다. 그러나 단음절 형용사가 부사어로 작용할 경우에는 "地"를 필요로 하지 않는다.

这种纪念邮票是不是新出的？

每天快走半小时，患感冒的概率就会降低一半。

4   전치사 为了

"为了"는 문맥에 따라서 목적(…을 위하여)이나 이유(…때문에)를 표현하며, 대부분 문두에 오지만 문중에 오는 경우도 종종 볼 수 있다. 본문에서는 목적의 의미로 쓰였다.

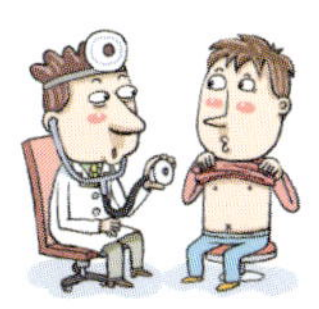

这是为了庆祝教师节发行的。

为了慎重起见，医生还拿出了自己的听诊器。

卸妆是为了化更美的妆。

慎重 shènzhòng 〔형〕 신중하다

听诊器 tīngzhěnqì 〔명〕 청진기

卸妆 xiè/zhuāng 〔동〕 화장을 지우다

5 어림수(概数)를 표현하는 방법 ①

어림수를 표현하는 방법은 다양하지만, 그중에서도 两은 다른 성분의 도움 없이 단독으로 어림수를 나타낼 수 있다. 이 경우, 어림수 표현에 쓰이는 의문대명사 几와 거의 동일하다.

你这两天忙吗？

她再过两天就可以出院了。

他们根本没有好好儿看过几本书。

6 부사 恐怕

恐怕는 주로 나쁜 결과를 예상해서 "아마도 …일 것이다"라는 뜻을 나타낸다.

恐怕抽不出时间去邮局。

天上没有星星，恐怕明天会下雨。

7 동사+不+出

가능보어의 부정형으로 "不出"는 동사의 동작을 시작은 하지만 끝까지 완성시킬 수 없음을 나타낸다.

恐怕抽不出时间去邮局。

我恨我连再见都说不出。

연습문제

1 다음 단어를 바꾸어서 연습해 보세요.

(1) 我 先 **问问**, 以后 **取包裹** 不就 **方便** 了 吗?

看看	来买	容易
试试	自己做	会
买一点儿	再买	知道好坏

(2) 这 是 为 **教师节** **发行** 的。

你上课	准备
去旅行	买
星期天野餐	做

(3) 因为 **这两天忙**, 恐怕 **抽不出时间去邮局**。

感冒很重	今天上不了班
这件衣服没熨好	今天穿不出去
最近天气越来越冷	不能到郊外野餐了

2 다음 보기에서 알맞은 단어를 찾아 빈칸에 써보세요.

> **보기** 过去 贴 再 点儿 往 多 为

(1) 小姐，我要__________国外寄信，信封这样写对吗？

(2) 要__________多少钱的邮票？

(3) 你看这些邮票__________漂亮！

(4) 你哥哥、妹妹都集邮，你还不给他们买__________。

(5) 这套是新出的，__________庆祝中国国庆节发行的。

(6) 我已经买了，我想__________去那边看看明信片。

(7) 买完了邮票，我们 ＿＿＿＿＿＿＿＿ 看看。

3　다음 문장의 잘못된 곳을 찾아 바르게 고쳐보세요.

(1) 金先生这三天比较忙。

→ ＿＿＿＿＿＿＿＿＿＿＿＿＿＿＿＿＿＿＿

(2) 这个星期天你抽得出不出时间？

→ ＿＿＿＿＿＿＿＿＿＿＿＿＿＿＿＿＿＿＿

(3) 这是不是为了庆祝国庆节新发行的吗？

→ ＿＿＿＿＿＿＿＿＿＿＿＿＿＿＿＿＿＿＿

(4) 我恐怕明天能来？

→ ＿＿＿＿＿＿＿＿＿＿＿＿＿＿＿＿＿＿＿

(5) 小孩儿要买多少钱票？

→ ＿＿＿＿＿＿＿＿＿＿＿＿＿＿＿＿＿＿＿

4　다음 우리말을 중국어로 옮기세요.

(1) 편지 한 통에 얼마짜리 우표를 붙여야 하나요?

→ ＿＿＿＿＿＿＿＿＿＿＿＿＿＿＿＿＿＿＿

(2) 아가씨, 편지를 몇 통 부치려고 하는데요.

→ ＿＿＿＿＿＿＿＿＿＿＿＿＿＿＿＿＿＿＿

(3) 네가 만약에 보게 되면, 내 대신 두 세트 사 줘.

→ ＿＿＿＿＿＿＿＿＿＿＿＿＿＿＿＿＿＿＿

(4) 중국의 "스승의 날"은 언제입니까?

→ ______________________________

(5) 안쪽의 맨 끝 창구입니다.

→ ______________________________

5 다음 단문을 읽고 물음에 답하세요. 🎧 40

> 星期五下午，我和朋友到邮局去寄信。邮局在我家附近，走五分钟就到了。因为快关门了，邮局里的人已经不多了。
>
> 我往韩国寄了两封信，一封是给我父亲的，一封是给我弟弟的。我朋友给他妹妹寄了一个包裹，为庆祝她的生日。离关门的时间还有五分钟，我们又买了一些明信片和纪念邮票。从邮局出来，我朋友跟我说，要是办什么事都这么快就好了。

(1) 他们去寄信的时候，邮局里人多不多？

→ ______________________________

(2) 他们都给谁寄信？ → ______________________________

(3) 邮局离他家几分钟的距离？ → ______________________________

(4) 从邮局出来以后，朋友跟他说了什么？ → ______________________________

明信片 míngxìnpiàn 몡 우편 엽서
距离 jùlí 몡 거리

姐 jiě	一 乡 女 如 如 如 姐 姐 姐
贴 tiē	丨 冂 贝 贝 贝 贴 贴 贴 贴
超 chāo	一 十 土 キ キ 未 走 起 起 起 超 超
重 zhòng	一 二 二 千 亩 亩 盲 盲 重
裹 guǒ	一 亠 广 六 古 亩 亩 审 审 宣 宣 裹 裹
集 jí	丿 亻 亻 亻 亻 住 住 隹 隹 集 集
种 zhǒng	一 二 千 禾 禾 和 种 种
庆 qìng	丶 广 广 庆 庆
祝 zhù	丶 礻 礻 礻 礻 礻 祝 祝 祝
恐 kǒng	一 二 工 卫 巩 巩 巩 恐 恐 恐

중국 4대 소수민족의 명절입니다. 왼쪽 상단 시계방향으로 火把节 huǒbǎ jié, 那达慕 nàdámù, 开斋节 kāizhāi jié, 泼水节 pōshuǐ jié 입니다.

傣族 dǎizú의 泼水节 는
우리의 설날과 같은
큰 명절입니다.

9 办离任手续。

이임 수속을 처리하다.

办离任手续。
Bàn lírèn shǒuxù.

CHECK-up POINT

1_ 부사 最

2_ 好+동사

3_ 就와 才의 비교

4_ 연속복문(连续复句)

WARMING-UP

재미있는 중국어 표현 ④ : 小报告 xiǎobàogào

"报告"는 동사로 쓰이면 "보고하다", 명사라면 "보고서"나 "리포트"란 뜻입니다. 그런데 여기서 "小"란 접두사가 붙으면 다른 의미가 발생합니다.

먼저 자신과 관계있는 일이나 사항 앞에 "小"를 붙이면 "겸양"의 뜻을 나타내게 됩니다. 따라서 "小报告"는 학회나 회의에서 자신이 하는 발표를 낮추어 말하는 것이 되겠지요. 두 번째 "좋지 않다"는 뉘앙스를 가지는 경우도 있습니다. 바로 이 칼럼에서 말하고자 하는 "小报告", 즉 "고자질"이 그것입니다. 그리고 "고자질"이라는 의미로 사용할 때만 동사는 "打"를 취합니다. 아래 예문을 참고하세요.

예 每次听到学生这样向我打小报告，我总觉得打小报告的学生不够正直。

매번 이렇게 학생들이 나에게 고자질하는 소리를 들으면, 나는 그 고자질하는 학생이 그다지 정직하지 않다고 느끼게 된다.

접두사 "小"에는 그 외에도 "나이가 어리다(小儿子 막내아들)", "동물의 새끼(小牛 송아지)", "자신보다 나이어린 사람의 성 앞에 붙여서 친밀함(小王)" 등을 나타내는 중요한 역할이 있습니다.

 41

在办公室

金哲秀	李先生，刚才丁参赞找你，你不在。
李 明	对不起，我出去了一下儿，他找我有什么事吗？
金哲秀	他下个月要离任回国，想让我们帮他办离任的手续。
李 明	不知道丁参赞离开中国的具体时间是什么时候？ 要先办哪些事情？
金哲秀	他大概下个月底离开中国。 他最着急的事情是托运行李。

NEW WORDS

手续 shǒuxù 명 수속	具体 jùtǐ 형 구체적이다
托运 tuōyùn 동 (수송기관에 짐을) 탁송하다, 운송을 위탁하다	行李 xíngli 명 (여행용) 짐

🔊 42

李　明	托运行李得先办海关手续，办完海关手续后才能包装，托运。他的海关手续还没办吧？
金哲秀	还没呢，他找你就是为这事。
李　明	他的证件都拿来了吗？
金哲秀	都在我这儿，刚才你不在，他都交给我了。
李　明	那你把证件给我吧。今天上午我要去服务局办事，我顺便去一下儿海关。

海关 hǎiguān 몡 세관　　**才** cái 튀 비로소 …하다　　**包装** bāozhuāng 몡·동 포장(하다)

证件 zhèngjiàn 몡 (신분, 경력 등의) 증명서　　**顺便** shùnbiàn 튀 …하는 김에

金哲秀　那太好了，跟海关联系一下儿，让他们快点儿来看东西，看完后好找人包装。

李　明　对，包装的时间定了以后，才能跟外运公司联系托运的时间。

金哲秀　李先生，忙完了这件事，你还得帮我办办旅行手续。

李　明　没问题。你准备什么时间去旅行？

金哲秀　十二月十号左右。我想先去香港，再去东京，最后到韩国过圣诞节。

NEW WORDS

联系 liánxì 통 연락하다	左右 zuǒyòu 명 안팎, 왼쪽과 오른쪽, 정도, 가량
外运公司 wàiyùn gōngsī 명 국제운송회사	香港 Xiānggǎng [지명] 홍콩
东京 Dōngjīng [지명] 도쿄	圣诞节 Shèngdàn Jié 명 크리스마스

李　明　　那还早呢，过些天再办也来得及。

金哲秀　　我想圣诞节前后旅行的人一定很多，是不是要早一点儿

　　　　　订飞机票？

李　明　　机票是得早点儿订。这样吧，我上午就给航空公司打

　　　　　电话，先把机票订好。

金哲秀　　那谢谢你了。

来得及 láidejí ⑧ 시간에 늦지 않다, 시간에 맞추어 가다

订 dìng ⑧ 예약하다, (조약, 계약 등을) 체결하다

飞机 fēijī ⑲ 비행기　　　　　　　　　　　　航空 hángkōng ⑲ 항공

1   부사 最

"最"는 부사로, 형용사, 동사 및 방위사(또는 장소 명사) 앞에서 최상급을 표시한다.

南极最冷还是北极最冷？

他最着急的事情是托运行李。

请问站在最右边的演员是准？

李老师是我们学校最受学生欢迎的老师。

2   好+동사

"好"는 동사 앞에 쓰여서 그 동사의 동작을 하기 쉽다, 편하다는 뜻을 나타낸다.

下星期天从上海到北京的火车票好买吗？

朋友多了，路好走。

3   就와 才의 비교

就		才
동작이 짧은 시간 안에 순조롭게 이루어짐을 표시한다.	시간 (时间)	동작이 시간적으로 늦게 이루어진다고 화자가 판단하고 있음을 나타낸다.
화자가 수량이 많다고 판단하고 있음을 나타낸다.	수량 (数量)	화자가 수량이 적다고 판단하고 있음을 나타낸다.
一 刚 如果 只要 因为 为了	관련 어휘	只有 必须 要 因为 为了 등

"因为、为了" 등 몇몇 어휘는 문맥의 흐름이나 화자의 판단에 따라 "就" 또는 "才" 어느 쪽과도 함께 쓰일 수 있다.

他刚来三个月就会说韩文了。

你在那儿等一会儿，我马上就过去。

王老师就讲了三个小时，别的老师都没有时间谈了。

为了赶时间，我们就少休息一会儿。

都十二点了，他才睡觉。

我才看了一次，还想看一次。

大家为了帮助你，才提这些意见。

4　연속복문(连续复句)

두 개 혹은 둘 이상의 구로 이루어진 문장을 복문(复文)이라고 하며, 그중에서도 시간의 흐름에 따라 동작이 연속적으로 행해지는 것을 "연속복문"이라고 한다. 연속복문에 자주 쓰이는 어구로는 先…, 再…、先…, 接着…、先…, 最后…、先…, 然后…、开始…, 后来…、一(刚)…, 就… 등을 들 수 있다. 세 개 이상의 구로 이루어진 연속복문의 경우, 위의 어구들을 조합하여 쓰기도 한다.

我想先去香港，再去东京，最后到韩国过圣诞节。

我听到的一首歌曲，开始是英文，后来是韩文。

她先弹了一会儿钢琴，接着又拉了一会儿小提琴。

연습문제 ②

1 다음 단어를 바꾸어서 연습해 보세요.

(1) 他 想 让 **我们** 帮 他 **办离任的手续**。

李先生	订飞机票
女朋友	买电影票
老王	开车

(2) **托运行李** 得 先 **办海关手续**。

去美国旅行	办签证
你想做饭	去买菜
想学好汉语	好好学习

电影 diànyǐng 몡 영화
签证 qiānzhèng 몡 비자
银行 yínháng 몡 은행
取钱 qǔ qián 돈을 인출하다

(3) 上午 我 要 去 **服务局办事**, 我 顺便 **去一下儿海关**。

银行	帮你取钱
邮局	给你买一套纪念邮票
医院	带孩子一起去

2 다음 보기에서 알맞은 단어를 찾아 빈칸에 써보세요.

보기 **就 才**

(1) 都九点了，你怎么__________下班？

(2) 我一到北京__________给你写信。

(3) 急什么？现在刚五点，飞机八点__________到呢。

(4) 明天__________走了，旅行的东西还没收拾好呢。

(5) 你这地方真难找，我问了很多人＿＿＿＿＿＿找到。

(6) 包装好了，＿＿＿＿＿＿可以跟外运公司联系托运的
时间了。

(7) 机票得早点儿订，麻烦你下午＿＿＿＿＿＿去一下航空公司吧。

3 다음 문장의 잘못된 곳을 찾아 바르게 고쳐보세요.

(1) 办完海关手续后才能包装了。

→ ＿＿＿＿＿＿＿＿＿＿＿＿＿＿＿＿＿＿＿＿＿

(2) 我来介绍王老师一下儿。

→ ＿＿＿＿＿＿＿＿＿＿＿＿＿＿＿＿＿＿＿＿＿

(3) 圣诞节左右旅行的人很多。

→ ＿＿＿＿＿＿＿＿＿＿＿＿＿＿＿＿＿＿＿＿＿

(4) 他把证件拿来公司了。

→ ＿＿＿＿＿＿＿＿＿＿＿＿＿＿＿＿＿＿＿＿＿

(5) 我要马上往航空公司打电话。

→ ＿＿＿＿＿＿＿＿＿＿＿＿＿＿＿＿＿＿＿＿＿

4 다음 우리말을 중국어로 옮기세요.

(1) 세관 수속을 마쳐야만 포장을 하고 위탁 수송을 할 수 있습니다.

→ ＿＿＿＿＿＿＿＿＿＿＿＿＿＿＿＿＿＿＿＿＿

(2) 그는 아마도 다음 달 말에 중국을 떠날 겁니다.

→ ＿＿＿＿＿＿＿＿＿＿＿＿＿＿＿＿＿＿＿＿＿

(3) 그들더러 빨리 물건을 보러 오라고 하세요.

→ ____________________________________

(4) 나는 먼저 홍콩에 갔다가 동경에 들르고, 마지막에
한국으로 가서 크리스마스를 지내려고 합니다.

→ ____________________________________

(5) 그에게 가장 급한 일은 짐을 위탁 수송하는 것입니다.

→ ____________________________________

5 다음 단문을 읽고 물음에 답하세요. 🔘 45

> 　　这几天，我和李先生都在忙参赞离任的事。前天刚跟
> 海关联系好，今天他们来人看东西，看完后好找人包装，
> 以后还要跟外运公司联系托运的具体时间。
> 　　李先生除了要忙参赞的事，还得帮我办一个旅行手
> 续。十二月我要到香港、东京等地去旅行。我怕圣诞节前后旅行的人多，飞机
> 票不好买，所以想早一点办，要不，就不这么着急了。

(1) 跟外运公司联系托运的具体时间以前，要先跟谁联系？

→ ____________________________________

(2) 李先生最近忙什么事？ → ____________________________________

(3) 金哲秀打算十二月去哪里？ → ____________________________________

(4) 金哲秀为什么急着办旅行手续？ → ____________________________________

续 xù	ㄥ ㄥ ㄠ ㄠ 纟 纟 纩 结 结 续 续 续
托 tuō	一 ㄛ 扌 扌 扩 托
运 yùn	丶 二 テ 沄 运 运
装 zhuāng	丨 丬 丬 壯 壯 壯 娤 娤 娤 娤 裝 装
证 zhèng	丶 ㄫ 讠 证 证 证 证
顺 shùn	丿 丿 川 川 川 川 顺 顺 顺
联 lián	一 丆 丅 丆 耳 耳 耳 耵 联 联 联 联
订 dìng	丶 讠 订 订
圣 shèng	ㄱ 又 圣 圣 圣
航 háng	丶 丆 丿 舟 舟 舟 舟 舟 航

请外币06号顾客到7号窗口办理。
什么币种？请出示您的有效证件。
我要开个外币户头。
交水电费也要拿号吗？
不用，直接到二号窗口办理。

10 祝你旅行愉快。

즐거운 여행되세요.

Zhù nǐ lǚxíng yúkuài.

<table>
<tr><td>CHECK-up POINT</td><td>1_ 어림수(概数)를 표현하는 방법②</td></tr>
<tr><td></td><td>2_ 조동사 可以</td></tr>
<tr><td></td><td>3_ 招待의 의미</td></tr>
<tr><td></td><td>4_ 전치사 向</td></tr>
<tr><td></td><td>5_ 祝你旅行愉快</td></tr>
</table>

WARMING-UP

재미있는 중국어 표현 ⑤ : 醋坛子 cùtánzi

중국에서 "질투"는 흔히 "식초"에 비유됩니다. 그래서 "질투하다"는 "식초를 먹다(吃醋chī cù)"는 말로 표현되곤 하지요. 왜 하필이면 "식초"일까요?

이에는 여러 가지 설이 난무하지만, 그중에서 당태종(唐太宗) 이세민(李世民)과 관련이 있다는 설이 제일 유력합니다.

당(唐)나라의 개국공신으로 유명한 방현령(房玄龄)에게는 대를 이을 아들이 없었습니다. 태종은 그에게 절세미인을 몇 명 보내어 그들을 첩으로 취하여 대를 잇도록 명령하였으나 방현령은 그럴 수 없다고 고사하였습니다. 나중에 태종은 방현령이 부인의 결사반대로 어쩔 수 없이 거절하였음을 알게 됩니다. 이에 이세민은 태감太监을 사약과 함께 방현령의 집으로 보내어 "만약 첩을 용인하지 못한다면 이 사약을 받도록 하라"는 어명을 내리기에 이릅니다. 방현령의 부인은 그 어명을 받들어 조금도 머뭇거리지 않고 사약을 벌컥벌컥 들이켜 버렸습니다. 그런데 알고 보니 그것은 사약이 아니라 시디 신 "식초"였고, 부인은 결국 무사하였습니다. 태종이 부인을 떠보기 위하여 만든 계략이었던 것이지요.

이후 중국에서 "식초"는 "질투"의 대명사가 되었고, 식초단지(醋坛子)는 "질투가 심한 여자"를 상징하게 되었습니다. 식초단지는 다른 말로 "醋罐子cùguànzi"라고도 합니다.

예 别再试探我的醋坛子有多满。

직역 내 식초단지가 얼마나 찼는지 두 번 다시 시험하려고 하지 마.

의역 내 질투가 얼마나 심한지 두 번 다시 시험하려고 하지 마.

 46

在金哲秀的家里

朴东和	哲秀，我们来得不晚吧？
金哲秀	不晚，你们来得正好。
	大家请坐吧！你们想喝点儿什么？
李　明	随便什么都行，别太麻烦了。
金哲秀	先喝杯咖啡吧。
张华均	金先生这次休假都去哪儿旅行？
金哲秀	先去香港，再去东京，
	从东京再去韩国。

New Words

正好 zhènghǎo ⑲ 딱 알맞다	随 suí ⑧ 따르다, 따라가다
休假 xiū//jià ⑧ 휴가를 보내다	

47

朴东和	旅馆订好了吗？
金哲秀	都订好了。多亏李先生帮忙，要不，买机票，订旅馆， 也不会这么顺利。
李　明	哪里，我只是帮着打了几个电话。因为我们办得早， 所以还比较顺利。
张华均	明天几点的飞机？
金哲秀	上午十点四十五分起飞。

旅馆 lǚguǎn 몡 여관, 호텔　　　　　　**顺利** shùnlì 휑 (일, 작업 등이) 순조롭다

起飞 qǐfēi 통 이륙하다　　　　　　　**飞** fēi 통 날다, 비행하다

48

朴东和　你打算在韩国住几天？

金哲秀　两三天。

朴东和　在韩国过了圣诞节，你可以带父母来北京玩玩儿。

金哲秀　对，他们也是这么计划的。

张华均　你父母来过中国吗？

金哲秀　没来过。他们早就想来中国看看，可是一直没有机会。

李　明　现在你在北京工作，方便多了。

　　　　他们来了，

　　　　让他们多住些时间吧。

New Words

打算 dǎsuan 몡·동 …할 생각이다　　机会 jīhuì 몡 기회

126

 **49**

朴东和	哦！时间不早了，我们该走了，你早点儿休息吧。
	谢谢你的热情招待。
金哲秀	这哪里是招待！不过是借这个机会向大家告别一下儿。
李　明	好，祝你旅行愉快！
张华均	祝你一路顺风！
金哲秀	谢谢大家，回来再见！
张、朴、李	再见！

热情 rèqíng 몡·혱 정열, 열의, 친절하다, 따뜻하다　　**招待** zhāodài 됭 접대하다

不过 búguò 젭 그러나　　**向** xiàng 젠 ～을 향하여　　**告别** gàobié 됭 헤어지다, 작별하다

祝 zhù 됭 기원하다, 바라다　　**愉快** yúkuài 혱 즐겁다, 유쾌하다

一路顺风 yí lù shùn fēng [성어] 가시는 길 편안하시길 바랍니다

문법해설

1 **어림수(概数)를 표현하는 방법②**

화자가 정확한 숫자를 모르는 경우 혹은 이야기하고 싶지 않은 경우에는 어림수를
말하게 된다. 중국어의 어림수 표현을 살펴보면 다음과 같다.
연속되는 두 개의 숫자를 붙여서 사용한다.

七八岁　　　　三四百　　　　八九万　　　　两三天

작은 수를 앞에 큰 수를 뒤에 두는 것이 원칙이나 "两三"만은 예외적으로 "三两
(원래의 의미에 적다는 뉘앙스가 부가된다)"으로 표현하기도 한다.
어림수를 나타내는 단어를 숫자 뒤에 덧붙인다.

三十来本书　五十多个人　七年左右　　十二月十五号前后

어림수를 나타내는 단어를 숫자 앞에 덧붙인다.

近一亿元　　　约一个星期的时间

"几"와 "两"을 사용하여 표시한다.

你这两天怎么了？

他只有几个朋友。

2 **조동사 可以**

"可以"는 어떤 행위를 함에 있어서 주관적 혹은 객관적인 조건이 모두 갖추어져
있음을 나타낸다.

《哈利波特》很有意思，我今天可以看完。

또한, 정황상 허용되거나 "…해도 된다"는 허가를 나타낸다.

你可以带父母来北京玩玩儿。

一项最新研究显示，孕妇可以放心地喝咖啡了。

3 招待의 의미

중국어와 한국어에는 같은 한자를 쓰는 단어들이 상당수 존재하고 있는데, 사용하는 한자가 같다고 해서 의미까지 같은 경우는 그렇게 많지 않다. "招待"가 대표적인 예로, 우리말로는 "초대(招待)"라고 읽지만, 중국에서는 "초대하다"는 뜻은 없고, "(손님 등을) 접대하다"는 뜻으로만 쓰인다. "초대하다"라는 뜻의 중국어에 "邀请yāoqǐng", "约请yuēqǐng", "请客qǐng//kè" 등의 단어가 별도로 있다.

谢谢你的热情招待。

这个星期六的宴会用什么白酒招待外宾？

4 전치사 向

전치사 "向"은 "…로, …을 향하여"와 같이 동작의 방향을 가리킨다. 이 경우에는 전치사 "往"의 쓰임과 같다.

向西一直走就到邮局了。

반면에 전치사 "向"은 방향을 지시하는 것 외에도 "…에, …에게"와 같이 행동의 대상을 가리키기도 한다.

他向大家说出了自己的看法。

他借这个机会要向大家告别了。

5 祝你旅行愉快

"祝"는 "기원하다", "(진심으로) 바라다"는 뜻으로, 상대방에게 덕담을 할 때 사용한다. 중국에서도 덕담은 듣는 이의 기분이나 비위를 맞추기 위하여 하는 경우가 대부분이기 때문에 실제로 그 내용이 실현되든 말든 화자 자신과는 상관없다. 만약 실현 가능한 혹은 이미 실현된 일에 대하여 상대방에게 덕담을 건네려고 한다면 "祝贺zhùhè"를 사용하여야 한다.

祝你身体健康。

祝贺你考上了大学。

1 다음 단어를 바꾸어서 연습해 보세요.

(1) 先 <u>喝杯咖啡</u> 吧。

    吃碗饭
    睡个觉
    写封信

(2) 祝 你 <u>旅行快乐</u>。

    一路顺利
    工作顺利
    生活顺利
    访问顺利

(3) 他们 早 就 想 <u>来中国看看</u>，可是 一直 <u>没有机会</u>。

    学习汉语   没有时间
    去国外旅行   没有钱去
    看这电影   买不到票

2 다음 보기에서 알맞은 단어를 찾아 빈칸에 써보세요.

> **보기** 多亏　要不是　原来　因为…所以…　如果…就…　有机会
> 跟…一起　先…再…　只是　顺利　随身　随便　顺便

(1) ＿＿＿＿＿＿我忘了你的电话号码，＿＿＿＿＿＿没能给你打电话。

(2) ＿＿＿＿＿＿你准备好了，我们＿＿＿＿＿＿走吧。

(3) 我每天都＿＿＿＿＿＿张先生＿＿＿＿＿＿下班。

(4) 我们＿＿＿＿＿＿回家休息休息，＿＿＿＿＿＿去游泳吧。

(5) ＿＿＿＿＿＿他打电话告诉了我，我才知道他已经回来了。

(6) ＿＿＿＿＿＿你告诉了我，我还不知道呢。

(7) 我＿＿＿＿＿＿帮你收拾了一下儿，没做什么。

(8) ＿＿＿＿＿＿＿我一点儿中文也不会，现在我可以用中文打电话了。

(9) 旅行的时候，＿＿＿＿＿＿＿带点儿常用的药，比较好。

(10) 请大家＿＿＿＿＿＿＿坐，不要客气。

(11) 这次旅行很＿＿＿＿＿＿＿。

(12) ＿＿＿＿＿＿＿我也要去西安看看。

随身 suíshēn ⑧ 휴대하다, 몸에 지니다.

3＿ 다음 문장의 잘못된 곳을 찾아 바르게 고쳐보세요.

(1) 参加旅行的人有二十个多人。

→ ＿＿＿＿＿＿＿＿＿＿＿＿＿＿＿＿＿＿＿＿＿＿＿＿＿＿＿＿＿＿＿＿

(2) 大的有十两三岁了。

→ ＿＿＿＿＿＿＿＿＿＿＿＿＿＿＿＿＿＿＿＿＿＿＿＿＿＿＿＿＿＿＿＿

(3) 我要借这个机会给大家告别。

→ ＿＿＿＿＿＿＿＿＿＿＿＿＿＿＿＿＿＿＿＿＿＿＿＿＿＿＿＿＿＿＿＿

(4) 因为太多了，他今天不可以看完。

→ ＿＿＿＿＿＿＿＿＿＿＿＿＿＿＿＿＿＿＿＿＿＿＿＿＿＿＿＿＿＿＿＿

(5) 你父母来中国过吗？

→ ＿＿＿＿＿＿＿＿＿＿＿＿＿＿＿＿＿＿＿＿＿＿＿＿＿＿＿＿＿＿＿＿

4＿ 다음 우리말을 중국어로 옮기세요.

(1) 이 선생님이 도와주신 덕분에 일이 순조로웠습니다.

→ ＿＿＿＿＿＿＿＿＿＿＿＿＿＿＿＿＿＿＿＿＿＿＿＿＿＿＿＿＿＿＿＿

(2) 이번 휴가에 어디로 여행 가실 겁니까?

→ _______________________________________

(3) 저는 그저 전화 몇 통 거는 것을 도왔을 뿐인데요.

→ _______________________________________

(4) 오전 10시 40분에 이륙합니다.

→ _______________________________________

(5) 돌아와서 다시 봅시다!

→ _______________________________________

度假 dù∥jià 동 휴가를 보내다

5 다음 단문을 읽고 물음에 답하세요. 50

> 　　明天金哲秀去度假。今天他请李先生、张先生和朴东和来他家玩儿，借这个机会顺便想向大家告别一下儿。张先生和朴东和问金哲秀打算在韩国住几天。他说打算住两三天，还说在韩国过了圣诞节回中国来的时候，陪父母一起来中国。他说他父母还没来过中国，他们早就想来中国看看，可是一直没有机会。现在他在中国工作，他们就有机会来中国了。

(1) 金哲秀什么时候去度假？ → _______________________________

(2) 金哲秀想在韩国住几天？ → _______________________________

(3) 金哲秀的父母以前来没来过中国？ → _______________________________

(4) 金哲秀的父母想不想来中国？ → _______________________________

愉 yú	丿 丿 忄 忄 忄 怜 忰 愉 愉 愉 愉 愉
随 suí	阝 阝 阝 阽 陁 陏 随 随 随
烦 fán	丿 火 火 火 灯 灯 烦 烦 烦
利 lì	二 千 禾 禾 利 利
算 suàn	竹 竹 笪 笪 笪 筲 算 算
诞 dàn	讠 讠 沙 延 诞 诞 诞
该 gāi	讠 讠 讠 诙 诙 该 该
借 jiè	亻 亻 佇 俆 借 借 借
向 xiàng	丿 向 向 向 向 向
告 gào	丿 生 告 告 告

1 상반된 의미의 형용사로 이루어진 합성사(合成词)

파생의미를 가지는 합성사

형용사(A)	의미(A)	형용사(B)	의미(B)	합성사(AB)	파생의(C)
大	크다	小	작다	大小	크기
多	많다	少	적다	多少	조금
轻	가볍다	重	무겁다	轻重	무게
长	길다	短	짧다	长短	길이
好	좋다	坏	나쁘다	好坏	어쨌든
肥	살찌다	瘦	여위다	肥瘦	(옷의) 크기

2 再…就… "더 이상 …한다면"이라는 뜻을 나타낸다.

要是再短就不好看了。

3 능원동사 得děi 일을 하겠다는 의지와 사실상의 당위성을 나타낸다.

我得谢谢你。

부정형식은 不用 혹은 不要이며, 不得라고는 하지 않는다.

4 把자문(把字句) 특정한 사물(사람)에 대하여 어떠한 처치를 하였거나 영향을 주었음을 나타낸다.

어순 | 주어+把+목적어+동사+기타 성분

我把信封都写好了。
请把桌子擦一擦。

把자문의 특징

❶ 술어동사와 "把"의 목적어 사이에는 의미적으로 동사와 목적어 관계가 성립한다.

❷ "把"의 목적어 자리에는 반드시 특정한 성분 혹은 이미 알려져 있는 어떤 사실(사항)이 온다.

❸ 동사 뒤에는 "了、着", 동사의 중첩형, 동사의 목적어, 보어 등의 기타성분이 온다.

❹ 没有나 능원동사는 동사 앞이 아니라, 把 앞에 두어야 한다.

5　**주어의 성분**　"명사", "대명사", "수량사", "형용사(구)", "동사(구)", "주술구(주어+술어)" 등 모두 주어가 될 수 있다.

我来是不是打扰你了?

6　**범위를 한정하는 就의 용법**　"오직 …뿐", "…밖에 없다"

这次聚会都参加了，就你一个人没去。

7　**동작의 진행을 나타내는 在**

어순 | 在 +동사+ 着 +…+ 呢　你在写什么?

8　**전치사 往**

❶ 구체적인 방향 지시 : 往南走。

❷ 추상적인 방향 지시 : 어순 | 往 +형용사+ 里 +동사

什么事都应该往好里想。

9　**부사어(状语)로 쓰이는 단음절 형용사**　"地"를 필요로 하지 않는다.

这种纪念邮票是不是新出的?

10　**동사+不+出**　동사의 동작을 시작은 하지만 끝까지 완성시킬 수 없음을 나타낸다.

恐怕抽不出时间去邮局。

11　**어림수(概数)를 표현하는 방법**

❶ "两"을 사용하여 표현하는 경우 :　"几"와 거의 동일하게 작용

你这两(几)天忙吗?

❷ 연속되는 두 개의 숫자를 붙여서 표현하는 경우 : 작은 수를 앞에, 큰 수를 뒤에 두는 것이 원칙이지만, "两三"만은 "三两(원래의 의미에 적다는 뉘앙스가 부가된다)"으로 표현하기도 한다.

七八岁　　三四百　　八九万　　两三天

❸ 어림수를 나타내는 단어를 숫자 뒤에 덧붙이는 경우

三十来本书　　五十多个人　　七年左右　　十二月十五号前后

❹ 어림수를 나타내는 단어를 숫자 앞에 덧붙이는 경우

近一亿元   约一个星期的时间

12 **就과 才**

就		才
동작이 짧은 시간 안에 순조롭게 이루어짐을 표시한다.	시간 (时间)	동작이 시간적으로 늦게 이루어진다고 화자가 판단하고 있음을 나타낸다.
화자가 수량이 많다고 판단하고 있음을 나타낸다.	수량 (数量)	화자가 수량이 적다고 판단하고 있음을 나타낸다.
一 刚 如果 只要 因为 为了 등	관련 어휘	只有 必须 要 因为 为了 등

13 **연속복문(连续复句)**   시간의 흐름에 따라 동작이 연속적으로 행해지는 복문. 자주 등장하는 어구로는 先…, 再…、 先…, 接着…、 先…, 最后…、 先…, 然后…、 开始…, 后来…、 一(刚)…, 就… 등을 들 수 있다.

我想先去香港，再去东京，最后到韩国过圣诞节。
我听到的一首歌曲，开始是英文，后来是韩文。

14 **조동사 可以**

❶ 주관적 혹은 객관적인 조건이 모두 갖추어져 있음을 나타낸다.

《哈利波特》很有意思，我今天可以看完。

❷ 정황상 "…해도 된다"는 허가를 나타낸다.

你可以带父母来北京玩玩儿。

15 **전치사 向**

❶ 동작의 방향을 지시

向西一直走就到邮局了。

❷ 행동의 대상을 지칭

他向大家说出了自己的看法。

단어 및 어구 색인표

Y

预约	yùyuē	명·동	예약(하다)	40
圆滑	yuánhuá	형	(일처리가) 매끄럽다, (성격이) 원만하다	93
原来	yuánlái	명	원래	64
月底	yuè dǐ	명	월말	28
越来越	yuè lái yuè		더욱더, 점점	88

Z

杂志	zázhì	명	잡지	90
咱们	zánmen	대	우리	27
早上	zǎoshang	명	아침	51
招待	zhāodài	동	접대하다	127
针	zhēn	명	침, 바늘, 주사	39
针灸	zhēnjiǔ	동·명	침구, 침질과 뜸질	39
证件	zhèngjiàn	명	(신분, 경력 등의) 증명서	113
正好	zhènghǎo	부	딱 알맞다	124
直	zhí	동	바르게 하다, 공정하다	38
治	zhì	동	치료하다	39
中间	zhōngjiān	명	중간, 한가운데	69
中医	zhōngyī	명	한의학, 중국의학, 한의사	39
种	zhǒng	양	종류, 가지	102
周到	zhōudào	형	세심하다, 빈틈없다	65
祝	zhù	동	기원하다, 바라다	127
猪八戒	Zhū Bājiè		저팔계	64
字幕	zìmù	명	자막	70
最后	zuìhòu	명	마지막, 최후	100
左右	zuǒyòu	명	정도, 가량, 안팎	114
座位	zuòwèi	명	자리, 좌석	70

갑·을·병·정
4가지 급수를 통째로 한권에 끝낸다!
HSK
필수어휘
8822
값 25,000원

특별부록

HSK 초·중·고급 시험을
한 권으로 대비할 수 있다!!

★ 각 어휘마다 간단하고 실용적인 예문을
풍부하게 수록했습니다.

★ A~Z의 중국어 병음을 발음순으로 정리해서
기타사전과 동일하게 검색이 가능합니다.

★ 각 어휘 옆에 갑·을·병·정 급수를 표기하여
난이도와 사용빈도수를 한눈에 파악할 수 있습니다.

★ 수험생이 어려워하는 유의어에 대한 포인트 해설을
실어서 쉽게 이해할 수 있도록 했습니다.

감수   한용수 교수 동국대 중어중문학과
공저   조희준 남개대 문자학 박사
       구경숙 남개대 문자학 박사

유료 mp3 다운로드
www.chinasisa.com

1과

下班

我可以几点下班？

1과

干净

您看是不是干净点儿了？

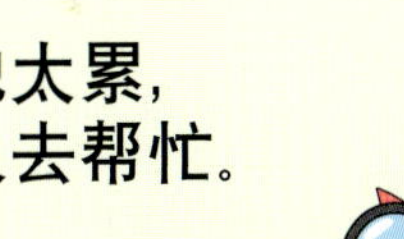

1과

怕

我怕他太累，
所以叫人去帮忙。

1과

烫

我刚烫完衣服。

1과

收拾

房间这么收拾可以吗？

1과

乱

哪儿都很乱。

1과

危险

以后您不要擦玻璃了，
太危险了。

퇴근하다

저는 몇 시에 퇴근할까요?

베이징중국어 40
단어장

걱정하다

저는 그가 너무 피곤할까 걱정돼서,
사람을 보내 돕도록 했어요.

깨끗하다

당신이 보기에 좀 깨끗해졌지요?

정리하다

방을 이렇게 정리하면 되나요?

다림질하다

저는 막 옷을 다 다렸어요.

위험(하다)

이후 유리는 닦지 마세요, 너무 위험해요.

어지럽다, 혼란스럽다

여기저기 모두 어지럽습니다.

除了~以外

他的房间里除了家具以外，
还有不少书。

咱们

咱们想什么时候去就什么
时候去。

没错儿

没错儿，这是他设计的。

开

注意前边到十字路口了，
开慢点儿。

舒服

秋天是北京最好的季节，
到郊外去玩儿很舒服。

辆

我还没好好儿看你这辆车呢。

小心

特别是在北京开车，
更要小心。

情况

看情况吧。

우리

우리 가고 싶을 때 언제든지 가요.

~을 제외하고

그의 방은 가구 외에도 많은 책이 있습니다.

(기계류를) 운전하다

앞에 사거리가 있으니
조심해서 천천히 운전하세요.

틀림없다

맞아요, 이것은 그가 설계한 것입니다.

자동차 등을 헤아리는 양사

저는 아직 당신의 차를
제대로 보지 못했어요.

쾌적하다, 편안하다

가을은 베이징의 가장 좋은 계절이에요,
교외로 놀러 나가기 좋아요.

상황, 상태

상황을 보죠.

조심하다, 주의하다

특히 베이징에서 운전할 때,
더욱 조심해야 해요.

疼

已经疼了两天了。

厉害

疼得厉害吗？

直

现在走路，腰能直起来了。

可以

中医治腰疼，可以针灸，也可以按摩。

挂号

挂号难不难？

预约

要不要预约？

急诊

如果病得厉害，还可以看急诊。

看病

他常陪人去看病。

심하다

통증이 심해요?

아프다, 쑤시다

이미 아픈지 이틀 됐어요.

~할 수 있다

요통을 치료로, 침구치료도 받고,
안마도 받을 수 있어요.

바르게 하다, 똑바로 펴다

지금은 걸을 때, 허리도 쭉 펼 수 있어요.

예약(하다)

예약해야 하나요?

등록하다, 접수하다

접수가 어려운가요?

진찰하다, 치료하다

그는 종종 사람들을 데리고 병원에 가요.

급진, 응급

만약에 병이 심해지면, 급진을 받아도 되요.

锻炼

你是怎么锻炼的?

不如

我的英语不如你好。

需要

你需要经常锻炼。

经常

他经常去农贸市场买菜。

早上

我每天早上都打太极拳。

起床

我每天早上八点起床。

一会儿

先去跑步,再打一会儿太极拳。

找

去以前我开车来找你。

~보다 못하다

저는 당신보다 영어를 잘 하지 못합니다.

단련하다, 수련하다

당신은 어떻게 단련을 합니까?

늘, 항상

그는 항상 농산물시장에 가서 장을 봅니다.

필요하다

당신은 평소에 단련을 해야 해요.

일어나다, 기상하다

저는 매일 아침 여덟 시에 일어납니다.

아침

저는 매일 아침 태극권을 합니다.

찾다

가기 전에 제가 차로 당신을 찾으러 갈게요.

잠시, 잠깐

먼저 조깅을 하러 가고,
그 다음 태극권을 합니다.

多亏

我们今天能看上京剧，
多亏张先生帮忙。

有名

《美猴王》就是有名的武打戏。

有意思

《美猴王》很有意思。

原来

唐僧原来就是唐玄奘。

开演

今天晚上的戏，几点开演？

周到

张先生想得周到。

近

那儿离我家比较近。

真

您今天穿的衣服真不少啊！

유명하다

《미후왕》은 유명한 무술극입니다.

~덕분에

우리가 오늘 경극을 보게 된 건, 장선생님 도움 덕분입니다.

원래

당승은 원래 당현장입니다.

재미있다

《미후왕》은 매우 재미있습니다.

세심하다, 빈틈없다

장선생님은 세심합니다.

(연극, 영화가) 시작하다, 개막하다

오늘 저녁 극은 몇 시에 시작합니까?

정말

당신 오늘 옷을 정말 많이 입으셨네요!

가깝다

그곳은 저희 집에서 비교적 가깝습니다.

带

我带来了一套西服。

合适

这套衣服你穿着合适吗？

肥

我觉得上衣有点儿肥。

瘦

再做要比这件瘦一点儿。

量

我先给您量量尺寸吧。

交钱

请您到那边交一下钱。

旅行

下个月我去天津旅行。

肥瘦

我看这条肥瘦差不多，
长短也不错。

적당하다, 적절하다

이 옷은 당신이 입기에 잘 맞습니까?

세트로 이루어진
물건을 세는 양사

양복 한 벌을 갖고 왔습니다.

마르다, (옷 등이 몸에 비해)
작다, 꼭 끼다

다시 만드는 것은
이보다 좀 작게 만들어 주세요.

살찌다, (옷 등이 몸에 비해)
크다, 헐렁하다

제 생각에 상의는 좀 큽니다.

돈을 지불하다

저기 가서 돈을 지불하세요.

(길이, 무게 등을) 재다

먼저 당신의 사이즈를 잽시다.

(옷의) 크기

제가 보기에 이 바지 크기면 될 것 같습니다,
길이도 괜찮고요.

여행(하다)

다음달에 저는 티엔진에 여행을 갑니다.

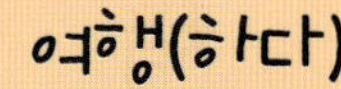

越来越

天气越来越冷了。

薄

带的都是夏天的衣服，
比较薄。

把

我把信封写好了。

厚

不做厚一点儿，
说不定又把我冻感冒了。

剩

快写好了，就剩写几个信封了。

寄

你在写信，今天就要寄走吗？

稍

你稍等一下。

关门

邮局就关门了。

얇다

가지고 온 옷이 모두 여름 옷이라서,
좀 얇아요.

더욱 더, 점점 더

날씨가 점점 추워졌어요.

두껍다

좀 두꺼운 걸로 한 벌 맞추지 않으면,
아마 감기에 걸릴 거예요.

목적어를 동사 앞으로
이끌어 냄(~을/를)

편지 봉투를 다 썼어요.

(편지, 소포 등을) 부치다

편지를 쓰고 계셨군요, 오늘 부치실 건가요?

남다

거의 다 썼고요, 봉투 몇 개만 남았어요.

문을 닫다

우체국이 곧 닫습니다.

약간, 조금

잠시만 기다리세요.

称

先称一下。

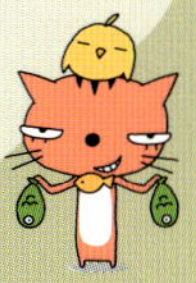

超重

有一封信超重。

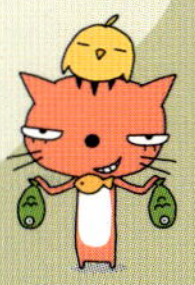

取

取包裹或寄包裹也在这儿吗？

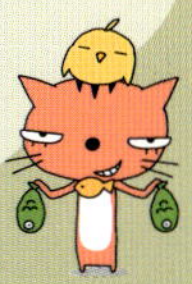

集邮

你喜欢集邮吗？

纪念

中国的纪念邮票很漂亮。

庆祝

这是为了庆祝教师节发行的。

恐怕

恐怕抽不出时间去邮局。

离任

我们参赞要离任了。

중량이 기준을 초과하다

중량을 초과한 편지가 있습니다.

(무게 등을) 달다, 재다

먼저 무게를 좀 달아 볼게요.

우표를 수집하다

우표 수집하는 것을 좋아하나요?

찾다, 가지다

소포를 찾거나 부치는 것도 여기서 합니까?

축하하다

이것은 스승의 날을 기념해서 발행된 거예요.

기념(하다)

중국의 기념우표는 정말 아름다워요.

이임하다

저희 참사관님이 이임하시게 되었습니다.

아마도~일 것이다

우체국에 갈 시간을 못 낼 것 같습니다.

手续

他想让我们帮他办离任手续。

具体

你离开中国的具体
时间是什么时候？

托运

他最着急的事情是托运行李。

才

办完海关手续才能包装，
托运。

顺便

上午我要去服务局办事，
我顺便去一下儿海关。

联系

跟海关联系一下儿。

来得及

过些天再办也来得及。

订

机票是得早点儿订。

구체적이다

. . . .

당신이 중국을 떠나는
구체적인 시간은 언제입니까?

수속

. . . .

그는 우리가 그를 도와
이임 수속을 처리하기를 원합니다.

비로소~하다

. . . .

해관 수속을 마쳐야,
포장을 하고 탁송을 할 수 있습니다.

(수송기관에 짐을) 탁송하다

. . . .

그가 지금 가장 급한 일은
짐을 탁송하는 일이에요.

연락하다

. . . .

해관에 연락을 좀 해보세요.

~하는 김에

. . . .

오전에 제가 서비스 센터에 가서 일을 처리
하고, 그 김에 해관에도 갈게요.

예약하다

. . . .

비행기표는 일찍 예약해야 합니다.

시간에 늦지 않다

. . . .

몇 일 지나서 처리해도 안 늦어요.

正好
不晚，你们来得正好。

随便
随便什么都行，别太麻烦了。

休假
金先生这次休假都去哪儿旅行？

顺利
祝你工作顺利。

起飞
上午十点四十五分起飞。

打算
你打算在韩国住几天？

告别
借这个机会向大家告别一下儿。

祝
祝您旅行愉快。

마음대로 하다

아무거나 다 되요, 번거롭게 하지 마세요.

딱 알맞다

늦지 않습니다, 딱 잘 왔어요.

(일, 작업 등이) 순조롭다)

일이 순조롭게 잘 되길 바랍니다.

휴가(를 보내다)

김선생님, 이번 휴가 때 어디로 여행 가세요?

계획, ~할 생각이다

한국에 몇 일 머물 생각이세요?

이륙하다

오전 열 시 십오 분에 이륙합니다.

기원하다, 바라다

즐거운 여행되세요.

헤어지다, 작별하다

이 기회를 빌어 모두에게
작별인사를 해야겠어요.